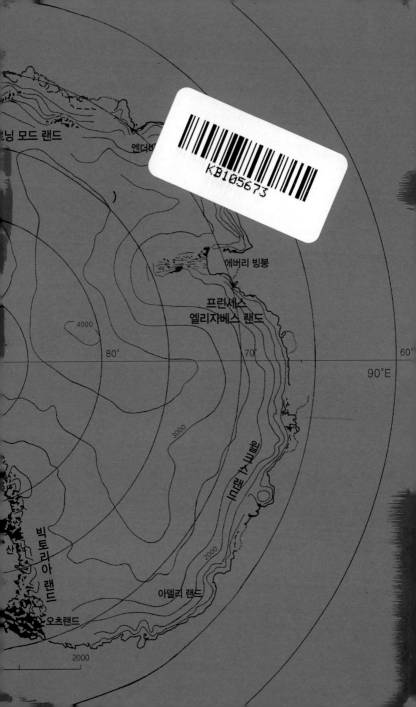

남극을 열다 ──시라세 노부──

일러두기

· 책과 신문, 잡지는 《 》, 글과 영화는 〈 〉로 구분했다.

· 인명과 지명은 외래어 표기법을 따랐다. 하지만 일반적으로 쓰이는 경우에는 원어 대신 많이 사용하는
  언어로 표기했다.

· 참고문헌은 책 뒷부분에 밝혔고, 본문에는 작은 숫자로 그 위치를 표시했다.

· 그림 출처는 그림 설명에 간략하게 표시했다.

· 용어와 지명의 외국어 표현은 찾아보기에서 확인할 수 있다.

· 노무라 선장의 수채화(그림 2-11, 2-12, 2-15, 2-20, 2-23)는 일본의 성산당서점, 남극오비회南極OB會,
  하루이시 역사 민속관晴石市歷史民俗館의 도움을 받아 게재하였다.

· 시라세의 남극 탐험 사진(그림 1-8, 2-3, 2-4, 2-6, 2-7, 2-8, 2-9, 2-13, 2-14, 2-16, 2-17, 2-18,
  2-19, 2-24, 2-25, 3-1, 3-2, 3-3)은 시라세남극 탐험내기념관白瀨南極探檢隊記念館의 도움을 받아 게재하
  였다.

아시아 최초의 남극 탐험가, 시라세 노부 · 남극을 열다 ·

白瀬 矗

nomad
지식노마드

차
례

서문   8

들어가며   10

우리는 왜 남극에 가려고 하는가   15

1장. 남 극 탐 험 의 역 사

남극 탐험의 영웅 시대   19

아문센과 스콧, 운명의 대결   31

2장. 아 시 아 의 위 대 한 남 극 탐 험 가 ,
시 라 세 노 부

유년 시절   45

군복무 시절   57

쿠릴 열도 탐험   61

러일전쟁 전후   72

남극 탐험 준비   75

탐험대, 남극을 향해 출발   89

1차 탐험, 눈물을 머금고 철수   97

시드니로 돌아와   100

남극 2차 탐험   111

로스 빙붕 위에 캠프 설치   125

에드워드 7세 랜드 탐험   136

남극을 떠나다   142

남극 탐험 후 시라세의 활동   149

3장. 시라세 남극 탐험의
      성과와 의의   162

부록 우리나라의 남극 연구   176

시라세 노부 연표   188

참고문헌   193

찾아보기   194

필자가 시라세라는 이름을 처음 접한 것은 1990년대 초 일본 극지연구소에서 초빙교수로 지내던 때였다. 당시 일본의 남극 쇄빙선인 시라세호를 요코스카 항에서 도쿄 만까지 몇 시간 동안 시승하면서 시라세 노부라는 인물에 관심을 갖기 시작했다. 특히 그가 일본 승려의 아들이었다는 점과 어려서부터 극지 탐험에 대한 꿈과 야망을 가졌다는 점이 매우 흥미로웠다. 그 후 시라세에 관한 일본 문헌과 탐험기, 일본과 해외의 여러 신문 기사들을 모아 읽으면서 시라세에 대해 자세히 알게 되었다.

더 나아가 남극 탐험의 초기 역사에 관심을 갖고 아문센이나 스콧 등 유럽 탐험가들의 기록을 읽으면서 자연히 시라세 탐험과 비교할 기회를 갖게 되었다. 특히 시라세의 남극 탐험은 당시 유럽에 비해 산업화에 한참 뒤떨어진 아시아에서 독자적으로 계획되고 꾸려진 극지탐험이었으며, 무엇보다 유럽 탐험대에 비해 전무한 남극 경험, 열악한 장비와 선박 그리고 터무니 없이 적은 경비로 이루어졌다는 점에서 매우 가치가 있다고 여겨진다.

이 책에서는 우리 국민의 일본에 대한 정서적 거부감과 일본인에 대한 막연한 폄하를 넘어서 아시아인의 존재와 그 우수성을 구미 선진국들에 알리는데 큰 역할을 한 아시아의 위대한 극지 탐험가로서 시라세의 업적을 조명해 볼 것이다. 일본에 대한 막연한 편견보다는 가까우면서도 먼 나라 일본에 대한 역사와 전통을 우리나라 사람들에게 바로 알리는 동시에 탐험과 도전의 소중함을 일깨울 필요가 있다고 생각하기 때문이다.

이 책을 쓰는데 많은 도움을 주신 일본 극지연구소와 일본어로 쓰인 탐험기 번역에 도움을 주신 인하대 민병찬 교수님께 감사드린다.

김예동

인^仁인^人의 탐험가, 시라세 노부

남극 탐험하면 우리는 으레 아문센과 스콧을 떠 올린다. 20세기 초 유럽 위주의 역사에 아시아가 끼어들 틈은 거의 없었고, 같은 맥락에서 시라세의 남극 탐험은 잘 알려지지 않았다. 그러나 아문센과 스콧이 남극점을 탐험할 때 남극에 도전한 또 한 사람이 있었고 그가 바로 아시아의 위대한 탐험가 시라세 노부이다. 그리고 이제는 서구가 아닌 아시아의 입장에서 시라세 탐험을 재조명해 볼 때가 되었다고 생각한다.

거의 같은 시기에 남극점 정복에 도전한 3명의 선구자 중에 아문센과 스콧은 유럽인이고 시라세는 동양인이다. 아문센은 남극점 정복에 완전 성공했고, 스콧은 남극점을 밟았으나 살아서 귀환하지 못했으므로 절반의 성공만 했다고 본다면, 시라세의 탐험은 어떻게 볼 수 있을까? 당시 모두에게 남극점 탐험의 의의는 단순히 극점에 도달하는 것보다는 인류 최초로 극점을 밟는다는 것에 있었을 것이다. 시라세는 일본에서 출발이 늦어져 남극점 최초 도달이 어렵다는 것을 떠날 때부터 예상하고 있었다. 아문센이 남극점에 도달하면서 사실상 남극점 정복의 의의는 이미 사라진 상태라 시라세의 선택은 남극 탐험 그 자체였다. 결과적으로 시라세 탐험대는 극점 도달보다는 남극 탐험을 마친 후 전원 무사히 귀환하는 것을 목표로 선택했다. 시라세에게 남극 탐험은 자연에 대한 인간의 도전과 극복이라기 보다는 자연에 순응하고 조화하는 인간을 그리는 동양 철학의 이상에 가깝다고 보여진다. 시라세에게 극지탐험이란 일생을 두고 자연과 함께 조화를 이루며 가야하는 길이었던 것이다.

2500년 전 유학을 창시한 중국의 공자는 세상에는 인간이 달성해야 하는 공통의 길達道이 있고, 그 길을 행하게 하는 인간 내면의 덕성達德에는 세 가지가 있다고 했다. 인간이 달성해야 할 공통된 길이란, 관계를 의미하는데, 임금과 신하 사이의 관계, 부모와 자식 사이의 관계, 친구 간의 관계다. 공자가 명시하지는 않았지만 인간과 자연 사이의 관계도 여기에 포함될 수 있을 것이다. 이런 관계를 잘 맺으려면 인간의 세가지 덕德, 즉 지知, 인仁, 용勇이 필요하다고 공자는 말한다. 공자는 배우기를 좋아하는 것이 지에 가깝고, 힘써 행하는 것이 인에 가까우며, 부끄러움을 아는 것이 용에 가깝다고 하며 이는 결국 하나로 수렴된다고 말했다.

이렇게 자연과 인간 사이의 관계라는 관점에서 보자면 아문센은 지知를 통해, 스콧은 용勇을 통해, 시라세는 인仁이라는 덕을 지니고 남극에 접근했다고 할 수 있다. 이러한 득도得道와 득달得達은 인간에 따라 태어날 때부터 알거나, 배워서 알거나, 힘들게 애를 써서 알게 되지만 결국 앎에 도달하면 아무 차이가 없듯이, 행함에 있어서도 결국 공을 이루게 되면 그 행위의 성취에 아무 차이가 없다고 공자는 말한다. 20세기 초 위대한 3인의 남극 탐험가, 아문센은 지인知人, 스콧은 용인勇人, 시라세는 인인仁人으로 모두 성공적으로 도道를 이룬 인간으로 평가할 수 있을 것이다.

시라세 노부는 1861년 일본의 아키타 현에 위치한 절에서 승려의 아들로 태어났다. 그는 어린 나이에 일찍이 극지탐험에 대한 의지를 굳히고 절에서 나와 군인의 길을 시작한다. 그러나 극지탐험에 대한 그의 의지는 일본 정부와 대중들의 무관심과 냉대로 어려움에 처할 수 밖에 없었다. 일본 총리를 역임했던 오쿠마 시게노부 백작 등이 조직한 '남극 탐험 후원회'의 적극적인 지원을 받아 1910년 11월에야 간신히 남극 탐험에 오를 수 있었다. 우여곡절 끝에 결국 시라세 남극 탐험대는 남극 로스 빙붕에 도착해 내륙으로 257킬로미터를 행군하여 1912년 1월 28일 남위 80도 5분까지 전진할 수 있었다.

20세기 초는 영국을 중심으로 한 몇몇 유럽 국가들의 패권주의가 극에 달하던 때였다. 유럽 제국주의 열강들은 아시아, 아프리카의 약소국을 무자비하게 식민지화하여 전 세계로 영향력을 넓혀갔다. 같은 맥락에서 유럽 국가들 간에 치열한 남극 탐험 경쟁이 벌어졌고 아시아에서는 유일하게 일본이 이 탐험 경쟁에 참여하였다.

그러나 시라세 탐험대는 국가적으로 전폭적인 지원을 받았던 스콧이나 아문센과는 달리 순수한 개인 차원의 탐험이었다는데 더 큰 의의가 있다. 특히 시라세의 남극 탐험은 당시 부유했던 유럽 탐험대와는 상대가 되지 않는 빈약한 선박과 장비라는 열세를 불굴의 정신력으로 이겨냈다는 점에서 더욱 높이 평가 받을 만하다. 또한 당시 아시아인들에게 유럽인에 대한 자신감을 갖게 하고 열등감을 떨쳐 내게 하는데 크게 기여하였다.

시라세의 남극 탐험은 일본인에게 미지 탐사에 대한 열망을 고취시키고 일본이 세계적 무대에 등장하는 계기를 마련하였다. 동시에 작은 범선인 카이난마루를 타고 남극까지 5만4000킬로미터를 항해하고 전원 무사히 귀환하여 일본이 해양국가라는 점을 만천하에 증명하는 계기를 만들기도 했다.

우리는 왜 남극에 가려고 하는가

지구 육지 표면적의 10분의 1(약 1360만 제곱킬로미터)을 차지하는 남극은 지구상 마지막 원시대륙으로 대륙의 98퍼센트가 얼음과 눈으로 덮여 있는 황량한 땅이다. 21세기, 최첨단 과학 기술을 자랑하는 지금도 연구를 위해 설치된 몇몇 과학기지를 제외하고 남극은 아직도 대부분이 인간의 손길이 닿지 않는 미지의 땅으로 남아 있다. 백색의 제7 대륙이라고도 불리우는 남극대륙은 남극조약에 따라 과학연구만을 위한 인류 공영의 땅, 지구의 마지막 청정 천연 실험실로 보존되고 있다. 최대 4천 미터 두께의 남극빙하에는 지구의 과거 기후 기록이 보존되어 있다. 남극 봄철에 관찰되는 성층권 오존구멍의 생성은 인간이 얼마나 빠르고 쉽게 지구환경을 파괴할 수 있는지를 보여주었다. 남극 극한에 서식하는 생물의 놀라운 적응 기작은 지구 뿐만 아니라 우주 생명체의 비밀을 밝히는데 중요한 단서가 된다.

남극은 현재 급격한 온난화 현상이 현저하게 나타나는 곳으로 빙하의 감소와 해수면 상승의 주된 원인이기도 하다. 모든 인류의 공통 관심사인 환경변화를 연구하고 예측하는 실험실로서 남극의 중요성은 점차 증대되고 있다.

1장

남극 탐험의 역사

남극 탐험의 역사

남극 탐험의 영웅 시대

인류는 처음으로 불을 지피기 시작한 이래 끊임없이 탐험을 계속해 왔다. 탐험은 자신의 안락한 집을 떠나 위험이 언제 닥칠지 모르는 미지의 땅으로 발을 내딛는 것이다. 이런 탐험의 역사가 계속되어 왔기에 오늘날의 인류 또한 존재할 수 있었다. 탐험은 곧 인류 발전의 역사다. 또한 탐험은 끝없는 투쟁의 역사이기도 하다. 인류는 대자연을 정복하기 위해 끝없는 시도를 거듭 해왔다. 탐험가들은 거센 비바람이 몰아치는 바다와 만년설이 뒤덮인 혹한의 산, 황량한 사막, 위험한 정글과 끝없는 극지의 빙원에 미친듯이 몸을 내던졌다. 인류는 자연을 정복하려 했고, 자연은 그들을 혹독하게 대하며 저항했다. 오늘날 지구상에는 사람의 발길이 닿지 않은 곳이 거의 없지만, 인류는 여전히 탐험을 계속하며 그 탐험의 역사에는 수많은 사람들의 이야기가 존재한다. 여기서 이야기할 것은 그 중 남극대륙의 정복에 관한 위대한 역사 중 하나다.

남극대륙은 타 대륙에 비해 늦은 18세기에 와서야 발견되었지만, 그 존재는 이미 고대 그리스 시대에 예견되었다. 그리스인들은 지구가 둥글기 때문에 북쪽의 대륙과 균형을 맞추기 위해 남쪽에도 거대한 미지의 땅 _Terra australis incognita_ 이 있을 것이라고 상상했다. 그 후 이 이론은 로마 시대와 중세를 거치면서 빛을 보지 못하고 사장되었다가 15세기에 들어 대항해시대가 도래하면서 '남쪽 미지의 땅'에 관한 기대로 다시 부각된다. 포르투갈의 바스코 다 가마는 유럽에서 출발해 아프리카 남단 희망봉을 돌아 인도로 가는 뱃길을 개척했고, 역시 포르투갈의 페르낭 드 마젤란은 대서양을 서쪽으로 항해하여 남아메리카 대륙의 끝을 돌아 태평양으로 빠져 나와 지구 일주 항해에 성공하면서 지구가 둥글다는 것을 증명했다. 그러나 두 사람 모두 아프리카나 남아메리카의 남쪽에 대륙이 있다는 것을 알지 못했다.

역사상 남극을 가장 먼저 발견한 사람은 18세기 영국의 탐험가 제임스 쿡 선장으로 알려져 있다. 그는 레졸루션호와 어드벤처호 2척의 배를 이끌고 인류 최초로 '남쪽 미지의 땅'을 찾아 남극권(남위 66.5도)을 넘어 1774년 2월 3일 남위 71도 10분까지 전진했지만 남극대륙을 직접 보지는 못했다. 당시 안개가 짙어 멀리 볼 수는 없었으나, 가까이에 빙산이 많이 떠있는 것으로 미루어 가까이에 육지가 있다는 것을 짐작할 수 있

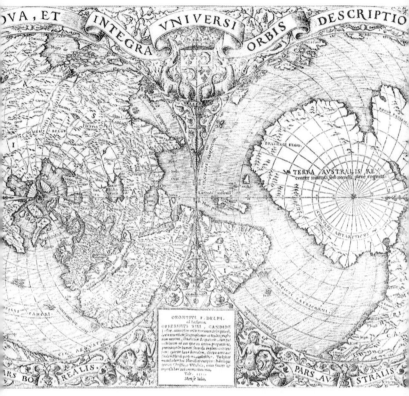

그림 1-1   '남쪽 미지의 땅' 이라는 상상의 대륙은 이미 그리스 시대부터 예견되어 왔으나
실제로는 18세기에 와서야 그 존재가 발견되었다. 사진은 프랑스의 수학자이며 지도 제작자
인 오론세 피네가 1531년에 그린 세계지도. 오른쪽 남극의 모양이 얼음을 제거한 남극대륙의
모습과 매우 유사하다.

었다고 한다. 또한 쿡 선장이 남빙양의 사우스조지아 섬(남위 55도)에서 물개를 목격했다는 기록을 남기면서 그 후 50여 년 간 이곳에서 물개잡이가 이루어졌으나 그 남쪽 남극대륙까지 탐험한 기록은 없다. 실제 남극대륙의 발견은 1820년 러시아의 파드데이 벨링스하우젠, 영국의 에드워드 브랜스필드, 미국의 너대니얼 파머에 의해 거의 동시에 이루어졌다. 벨링스하우젠은 보스토크호와 미르니호 2척의 배를 이끌고 1820년 1월 남극반도의 알렉산더 섬을 발견했다. 브랜스필드는 1820년 1월 남극반도의 리빙스턴 섬과 킹조지 섬을 발견했으며 대륙을 목격하기도 하였다. 미국의 포경선 선장이던 파머는 1820년 11월 히어로호 등 5척의 배를 이끌고 남극반도를 발견했다. 기록상 남극대륙에 가장 먼저 상륙한 사람은 미국의 물개잡이 배 세실리아호의 선장 존 데이비스로 1821년 2월 7일 남극반도에 1시간 정도 상륙했다고 한다.

1820~23년에는 사우스셰틀랜드 제도로 60여 척의 물개잡이 배가 몰려들어 1823년에는 이 지역 물개가 거의 전멸하였다. 그 후 1830년대까지 물개잡이가 지속적으로 이루어졌으나 선장들이 사냥장소를 자신들만의 비밀로 간직하여 기록은 남아있지 않다. 그 후 19세기 말까지 간간히 이어졌던 남극대륙

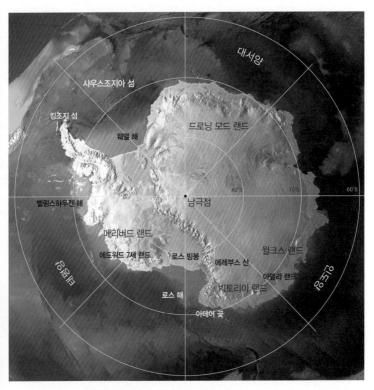

그림1-2 　　　 남극은 호주 대륙의 2배 크기로, 전체의 98퍼센트가 평균 2500미터 두께의 얼음으로 덮혀 있는 거대한 대륙이다.

탐험 기록은 다음과 같다.

미 해군 장교 찰스 윌크스는 탐험대를 이끌고 1840년 1월 미답의 해안을 발견(훗날 윌크스 랜드로 명명)하여 남극이 섬들이 모여 있는 곳이 아니라 대륙이라는 사실을 입증하고 많은 과학 자료를 수집하였다.

프랑스 해군 제독 두몽 뒤르빌은 아스트롤라베호를 타고 1838년 웨델 해 빙붕 남쪽 경계에 도달하여 새로운 해안을 발견하고 그의 부인 이름을 붙여 아델리 랜드로 명명하였다. 1831년 자북극점을 발견한 영국 해군제독 제임스 클라크 로스는 은퇴 후 자남극점 발견을 위해 해군 탐험대를 이끌었다. 그는 얼음을 견딜 수 있게 보강한 범선 에레부스호(370톤급)와 테로호(340톤급)로 빙산을 헤치며 나아가 1841년 1월 9일 지금의 로스 해에 도달하였다. 그리고 연이어 남위 74.2도까지 남하하여 그곳에서 활화산을 발견하여 에레부스 산으로 명명하였고, 그 지역을 테로호의 장교 이름을 따 맥머도 만이라고 이름 붙였다. 그는 1841년 11월 2차 탐험에서 로스 빙붕에 올라 도보로 남위 79도까지 전진하였다.

영국의 탐사선 챌린저호(2137톤급)는 1872~76년 세계일주 항해 중 동력선으로는 처음으로 1874년 2월 16일 남극권을 통과하였다. 챌린저 항해를 통해 수많은 과학자료가 모아졌고, 남극을 보지는 못했지만 많은 암석시료를 수집하여 남극대륙이 존재함을 과학적으로 입증하였다. 1875~95년에는 사우스셰틀랜드 제도와 사우스조지아 섬에서 물개잡이가 재개되어 다시 이 지역 물개가 전멸하였다.

노르웨이의 카르스텐 보치그레빙크는 포경선 앤타틱호를 타고 1895년 1월 남극의 로스 해 지역에 상륙하여, 인간이 남극에서 생존 가능하다는 확신을 갖게 해주었다. 그 후 영국의 자금으로 탐험대를 조직하여 1899년 2월 서든크로스호를 타고 남극 로스 해 입구의 아데어 곶에 도착해 대원 10명이 70마리의 썰매개를 이끌고 남극에서 최초의 월동을 한다. 월동이 끝나고 1990년 1월 다시 탐험을 재개해 썰매개로 로스 빙붕을 건너 남위 78.5도까지 전진하였으며 이는 훗날 남극점을 정복한 노르웨이 출신 로알 아문센의 출발기지가 되었다. 보치그레빙크는 남극에서 인간이 월동할 수 있다는 것과 내륙으로 이동이 가능하다는 것을 입증하였다.

1897년 벨기에 지리학회에서 조직한 국제 탐험대는 해군 장교 아드리엔 드 겔라쉬를 대장으로 250톤급 벨지카호를 타고 1898년 3월 알렉산더 섬이 보이는 남위 71.3도까지 전진하였

그림 1-3   아드리엔 겔라쉬가 이끈 벨기에 남극 탐험대는 벨지카호를 타고 웨델 해로 향하던 중 1898년 2월 벨링스하우 젠 해에서 해빙에 갇혀 뜻하지 않은 월동을 하게 된다. 월동에 제대로 준비를 하지 못한 벨기에 탐험대는 추위와 기아, 괴혈 병으로 고생하다 1899년 2월 얼음으로부터 무사히 풀려났다. 이 항해에 훗날 남극점을 처음 정복한 노르웨이의 아문센이 일 등 항해사로 참여하였다.

다. 거기에서 뜻하지 않게 벨지카호가 해빙에 갇혀 13개월간 벨링스하우젠 해를 떠다니다 1899년 봄에야 해빙에서 풀려났다. 예기치 못한 월동 중 많은 과학 자료가 모아졌으며, 특히 이 항해에는 훗날 남극점을 밟은 아문센이 무보수의 일등 항해사로 참여했다.

1901년부터 1904년까지, 훗날 남극점을 탐험한 로버트 스콧이 참가한 영국 디스커버리 탐험대는 로스 해의 맥머도 만에 기지를 세우고 로스 빙붕과 빅토리아 랜드를 조사했다. 1909년 영국의 어니스트 새클턴은 남극의 남위 88도 23분에 도달, 당시까지 인류가 도달할 수 있었던 최남단에 이르렀다. 그들은 그 탐험에서 남극의 자기장과 화산을 조사하는 등 과학적 성과를 이루었다.

1910~1912년에는 노르웨이의 아문센과 영국의 스콧이 인류 최초로 남극점에 도달하기 위한 경쟁을 벌였다. 뒤에 다시 얘기하겠지만 아문센은 1911년 12월 14일에, 스콧은 이보다 한 달 늦은 1912년 1월 17일에 남극점에 도달했다. 하지만 스콧은 돌아가는 길에 조난을 당하여 5명의 대원과 함께 사망하였다.

그림 1-4 　　　　가장 위대한 남극 탐험가로 인정받고 있는 영국의 어니
스트 새클턴. 그는 솔선수범과 자기 희생을 통한 훌륭한 리더쉽을 발
휘해 해빙에 갇혀 부서진 탐사선에서 전 대원을 무사히 구조할 수 있
었다.

아문센과 스콧의 남극점 도달 이후 어니스트 새클턴은 1914~17년에 웨델 해에서 로스 해에 이르는 남극 횡단을 시도하였다가 초기에 배가 파손되어 모두가 죽음의 위기에 처했다. 이때 새클턴은 위대한 리더십을 발휘하여 1916년 탐험대 전원이 무사히 귀환할 수 있었다. 그는 대원들을 격려하여 리빙스턴 섬까지 이동하였고 거기서 마지막으로 노 젓는 배로 바다를 건너 사우스조지아 섬에 도착해 조난사실을 알리고 구조 선박을 보내 나머지 대원들을 구할 수 있었다.

1895년부터 1922년까지를 남극 탐험 역사에서는 '영웅의 시대'라고 부른다. 당시만 해도 남극을 제대로 아는 사람이 없었고, 남극 인근의 해도도 제대로 그려진 것이 없었다. 무전기나 GPS같은 현대적인 장비도 없었다. 원시적인 망원경과 태양 경위도 측정 장치, 나무로 만든 고래잡이 배나 물개잡이 배가 전부였다. 인류는 오로지 남극을 정복하겠다는 의지와 사명감으로 남극을 탐험했던 것이다. 그만큼 남극대륙은 혹독하게 인간의 발길을 거부해 왔다.

영국의 탐사선 디스커버리호는 1925년 남빙양의 해양 생물을 조사하였다. 1928년 11월 26일 호주의 휴버트 윌킨스

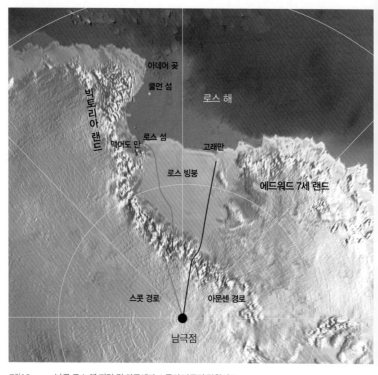

아데어 곶

쿨먼 섬

로스 해

빅토리아 랜드

맥머도 만

로스 섬

고래만

로스 빙붕

에드워드 7세 랜드

스콧 경로

아문센 경로

남극점

그림 1-5   남극 로스 해 지명 및 아문센과 스콧의 남극점 탐험경로.

는 최초로 남극을 비행기로 횡단하고, 미국의 리처드 버드 탐험대는 1929년 11월 29일 비행기로 남극점에 도달하였다. 버드 탐험대는 비행기를 이용하여 1933~1935년에 두 번째, 1939~1941년에 세 번째 남극 조사를 실시했다. 2차 세계대전 후인 1946~1947년 미 해군은 하이점프 작전으로 항공모함을 포함한 13척의 선박과 4000여명의 인원을 동원해 남극에서 공중 정찰과 군사 훈련을 실시하였고, 이듬해 다시 윈드밀 작전으로 헬리콥터를 이용하여 남극을 탐사하였다. 이를 통해 비로소 남극의 모든 해안선이 발견되었고 남극 전체 지도가 그려졌다.

아 문 센 과 스 콧 , 운 명 의 대 결

20세기 초 서구 열강들이 앞다퉈 영토 확장에 주력할 때, 누가 먼저 남극을 정복하느냐의 경쟁도 함께 벌어졌다. 1910년부터 1912년 동안 벌어진, 로알 아문센과 로버트 팰컨 스콧, 두 '영웅'의 경쟁은 그 중 가장 잘 알려진 이야기다. 이것은 비단 두 사람만의 경쟁이 아닌 영국과 노르웨이의 국가 간 명예를 건 대결이기도 했다.

당시 남극점 정복을 위해서는, 우선 배가 남극 해안에 도달할 수 있는 1월경 남극에 도착해 오두막을 짓고 그곳에서 겨울을 난 후 다시 여름이 시작되는 10월 말경 오두막을 출발 약 1000킬로미터 이상을 도보로 전진하여 극점에 도달하여야 했다. 노르웨이의 아문센 탐험대는 프람호를 타고 1911년 1월 4일 얼음이 덮인 로스 해에 도착했다. 그곳에 프람하임이라 이름 붙인 월동기지를 짓고 남극점까지 최단거리로 도달하는 코스를 선택한 아문센 탐험대 4명은 10월 20일에 개들이 끄는 4대의 썰매로 남극점을 향해 출발하였다. 한편 스콧의 탐험대는 같은 해 11월 1일에 로스 섬 에반스 곶에 위치한 기지에서, 아문센 탐험대와는 다른 경로로 남극점을 향해 출발하였다.

아문센 탐험대는 52마리의 개를 끌고 갔다. 그들은 정해진 지점에서 개를 순번대로 잡아먹으면서 남극점을 향해 전진하였다. 12월이 되면서 거센 눈보라가 몰아쳤다. 그러나 그들은 굴하지 않고 전진하여 1911년 12월 14일 마침내 남극점에 도달했다. 아문센은 남극점에 노르웨이 국기를 게양하고, 고국에 보내는 편지를 텐트 안에 남겼다. 만일 자신이 귀환하지 못하게 된다면 뒤따라 오는 스콧 탐험대가 그 편지를 갖고 귀환해 주길 바라는 마음에서였다. 아문센은 남극점 도착 후 31일 만

그림1-6　　　1911년 12월 14일 인류 최초로 남극점에 발을 디딘 노르웨이의 아문센. 그는 썰매개를 이끌고 고래만에 위치한 베이스 캠프를 떠나 56일 만에 남극점에 도착했다. 그가 타고 갔던 프람호는 1912년 1월 시라세를 타고 왔던 카이난마루와 고래만에서 서로 만나게 된다.

인 1912년 1월 16일 11마리의 개를 이끌고 기지를 떠난지 89일 만에 무사히 귀환하였다..

영국의 스콧 탐험대는 에반스 곶 기지를 출발하여 중간에 자동차와 조랑말을 버리고 오로지 스키로만 전진했고, 마침내 1912년 1월 17일에 남극점에 도착하였다. 하지만 안타깝게도 이미 아문센이 남겨놓고 간 노르웨이 국기와 마주했고, 대원 모두가 살아서 돌아오지 못했다. 1300킬로미터에 이르는 귀환 과정에서 5명의 대원 중 에드가 에반스 대원은 뇌진탕으로 사망했고, 타이터스 오츠 대원은 동상과 괴혈병으로 스스로 텐트를 떠났으며, 에드워드 윌슨, 헨리 바우어, 로버트 스콧은 마지막 보급품 저장소를 17킬로미터 앞두고 1912년 3월 19일 눈을 감았다. 1912년 11월 12일 구조대가 스콧의 텐트를 발견했을 때, 일기, 편지 등과 함께 16킬로그램의 암석 샘플을 발견했다. 스콧이 남긴 마지막 기록에 의하면 그들은 3월 29일경 사망했다. 1912년 3월 29일 스콧의 마지막 일기에는 '신이여, 우리 가족을 돌보아 주소서!'라고 적혀 있다.

그 후 아문센은 유럽으로 금의환향하여 유명세를 탔으며 55세가 되던 1928년 1월 18일 친구인 이탈리아 탐험가 움베르토

노빌레가 북극에서 실종되자 친구를 구하려 비행선을 타고 스피츠베르겐 섬을 출발한 후 실종되어 결국 극지에서 생을 마감했다.

바로 그 시대에 지구 반대편에 또 다른 '영웅'이 있었다. 비록 남극점에 도달하지는 못했지만 아문센과 같은 시기에 남극을 탐험했던 아시아의 영웅이 있었다. 그의 이야기는 앞의 두 사람보다 많이 알려지지는 않았지만 그가 해낸 일은 앞의 두 사람에 뒤지지 않는 것이었다. 앞서 이야기한 남극 탐험의 역사에는 서구의 기록만을 언급했지만, 놀랍게도 이제부터 할 이야기의 주인공은 동양의 작은 체구 일본인 시라세 노부이다. 시라세의 남극 탐험대는 남극 로스 빙붕에 상륙하여 내륙으로 257킬로미터를 행군해 1912년 1월 28일 남위 80도 5분 까지 전진하였다.

20세기 초 전 세계는 영국을 중심으로 한 몇몇 유럽 국가들의 패권주의가 극에 달했던 때였다. 유럽 제국주의 열강은 19세기 중엽에 시작된 산업혁명을 바탕으로 아시아와 아프리카의 약소국을 무자비하게 식민지화하면서 전 세계로 영향력을 넓혀가고 있었다. 또한 남극 탐험에서도 유럽 국가들 간에 치열한 경쟁이 벌어졌고 아시아에서는 유일하게 일본이 이 경쟁

그림 1-7　　　　　왼쪽은 스콧 탐험대 사진. 영국의 스콧 탐험대는 아문센 보다 34일 늦은 1912년 1월 17일 남극점에 도달했으나 아문센이 남긴 텐트만을 발견할 수 있었다. 스콧 탐험대 일행 5명은 귀환 길에 심한 눈보라와 식량 부족으로 전원 사망하였다. 스콧이 사망 직전 텐트에서 쓴 일기(오른쪽 사진)의 마지막 부분에, '신이여, 우리 가족을 돌보아 주소서!'라는 글이 보인다.

에 참여하였다. 당시 서구인들은 동양인을 신체적이나 정신적으로 절대 높게 평가하지 않았다. 이 모든 악조건 속에서 일본인 시라세 노부의 탐험대는 로스 빙붕 내륙으로 진출하여 이 지역을 야마토 설원이라 명명하였고, 그가 타고 갔던 탐사선 카이난마루는 로스 빙붕을 따라 더욱 동쪽으로 나아가 에드워드7세 랜드를 탐험하기도 했다.

시라세 탐험대는 국가의 전폭적 지원을 받았던 스콧이나 아문센과는 달리 국민들의 성금을 모은 순수 개인 차원의 탐험이었다는데 큰 의의가 있다. 특히 시라세 탐험대는 당시 부유했던 유럽 탐험대와는 상대가 되지 않는 빈약한 선박과 장비를 갖고 있었으며, 무엇보다 탐험대원 누구도 남극 탐험에 경험이 없었다. 어찌 보면 이런 무모한 도전을 불굴의 정신력으로 이겨냈다는 점에서 시라세 남극 탐험은 더욱 높이 평가 받을 만하다.

실제로 아문센이 쓴 남극 탐험 보고서에도, 남극점에서 돌아오는 아문센을 기다리는 동안 프람호가 로스 해에서 일본의 카이난마루를 만나 시라세 탐험대와 찍은 사진이 기록되어 있다. 이를 통해 시라세의 남극 탐험은 일본 국내뿐 아니라 서구의 국가들에도 많이 알려졌다. 미국 탐험대를 이끈 버드는

그림 1-8 　　아시아 최초의 남극 탐험가 시라세 노부. 그는 사전에 남극 탐험 경험이 전무했으며 정부로부터 아무런 지원을 받지 못한 상황에서 탐험에 나서 1912년 1월 28일 남위 80도 5분에 도달한 후 전원 무사히 일본으로 귀환하는 쾌거를 달성했다.

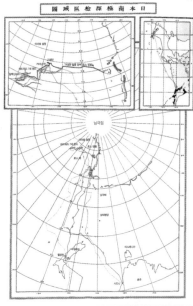

日本南極探檢區域圖

그림 1-9　시라세 탐험대의 남극 1차와 2차 항해 및 육상 탐험경로.

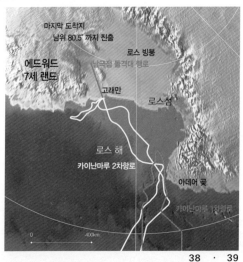

마지막 도착지
남위 80.5° 까지 진출

로스 빙봉

남극점 돌격대 행로

에드워드
7세 랜드

고래만

로스섬

로스 해

카이난마루 2차항로

아데어 곶

카이난마루 1차항로

0　　　400km

1932년 자신의 지도에 시라세의 이름을 표기하였고, 1935년에는 워싱턴 지리학회의 남극지도에 시라세가 남긴 지명이 추가되었다. 시라세의 일본도 이제 서구의 다른 나라들처럼 남극 대륙의 한 자리를 차지하게 된 것이었다. 지금도 시라세 노부는 일본인들뿐 아니라 전세계에 탐험의 선구자로 기억되고 있다. 이 책은 바로 그에 관한 이야기다.

사진 제공: 희한진

2장

아시아의
위대한 남극
탐험가,
시라세 노부

아시아의 위대한 남극 탐험가, 시라세 노부

유 년 시 절

시라세는 1861년, 일본 도호쿠 지방 아키타 현의 고노우라 마을 (현재 니카호 시)에서 태어났다. 그곳에서 시라세는 추억 많은 유년 시절을 보냈다. 시라세의 먼 조상은 궁을 경비하는 무사로 영예로운 무예의 집안이었지만, 1575년 나라에 큰 내전이 일어났을 때 아키타 현의 고노우라 마을에 정착하여 전사자를 위로하는 절을 세우고 그 절의 승려가 되었다. 시라세의 아버지 또한 대대로 고노우라 마을 사원의 절을 맡은 승려였다. 당시 일본의 절에서는 특별한 일이 없는 한 장남이 대를 이어 승려가 되어 절을 보살피는 것이 일반적이었다.

고노우라 마을은 지금은 일본 도호쿠 지방에서 손꼽히는 항구 도시로 발전했지만 예전에는 한적한 시골 어촌에 불과했다. 인구도 적은 데다 교통도 불편했기 때문에 봄부터 가을까지 가끔 지나는 여행객 외에는 큰 변화가 없었고, 겨울에는 눈에 묻히고 북쪽의 찬 바람이 세차게 불어 오는 적막한 곳이었다. 시라세는 자서전에서 유년시절을 보낸 고향의 모습을 다음과 같이 기술하고 있다.

…… 파도가 거칠고 바람이 차다. 해골처럼 생긴 바위가 해안에 치

솟아 있고 그것이 악마와 같은 거친 파도와 서로 부딪친다. 장대하다 못해 오히려 처참한 광경이다. 게다가 뒤쪽으로 오를수록 산으로 이어지고, 신사를 둘러싼 숲에는 늑대들이 자리 잡고 있다. 달이 뜬 밤에는 굉장한 울음소리를 냈다. 어머니 품에 안겨서도 늑대 울음소리에 어린 마음이 몇 번이나 떨렸는지 모른다. 늦가을 찬바람이 부는 밤에는 늑대가 포효하고 때때로 우리 집 뜰에도 나타났다. 언젠가는 기르던 개를 잡아먹은 적도 있다. 가을 달밤에는 너구리가 딸그락 딸그락하며 빈지문*을 두드렸다. 앞에서는 파도 소리, 뒤에서는 늑대 소리. 이런 환경에서 성장한 나는 어딘가 모르게 침울했다. 침착했으며 쉽게 뜨거워지지 않았다. 그 대신 빨리 식지도 않았다. 자연은 의지와 강인함을 주었고, 어려움을 이겨내는 정신력도 전수해 주었다.

이런 자연 환경에서 자란 시라세는 자연의 위대함을 가슴에 간직하면서 동시에 모험심도 강하게 키울 수 있었다. 시라세의 어린 시절에는 또 시대적으로 큰 변화가 있었다. 그것은 바

---

* 떼었다 붙였다 할 수 있는 일종의 창문. 해가 들거나 바람이 불면 널판을 붙여 이곳을 막고, 환기나 바깥을 보려면 널판을 떼어 내거나 옆으로 민다.

그림 2-1   시라세는 1861년 도호쿠 지망 아키타 현 고노우
라 마을(현 나카호 시)의 절(사진)에서 승려의 아들로 태어났다.

로 1867년에 일어난 메이지 유신이다. 일본 전체가 바뀌고 있었고, 그 개혁의 바람은 시라세가 사는 도호쿠 지방에도 불어왔다. 새로운 땅을 개척하려는 움직임이 생겨났고, 사람들은 북쪽으로 움직이기 시작했다. 이전까지 어선 몇 척만 지나다니던 고노우라 마을 항구에도 쌀을 가득 실은 큰 화물선이나 서양식 범선이 나타났다. 이런 시대적 변화 또한 시라세의 성장에 큰 영향을 미쳤다.

시라세는 6살이 되던 해 심하게 천연두를 앓았는데, 돌봐 주던 보모가 잠깐 한눈을 파는 사이 묘지의 공양떡을 실컷 먹고 난 후 신기하게도 말끔히 나았다고 한다. 이 후 몸이 매우 튼튼해져 이후 80년간 병원 신세를 진 적이 없었다. 유년기의 시라세는 동네 개구쟁이들의 대장으로 여우사냥, 연날리기, 산 오르기 혹은 쌀 천 섬(1섬은 180리터)을 실은 배 밑에 잠수하기 등 다양한 놀이에 앞장섰다. 고노우라 마을의 적막한 해안, 넓은 평야, 근처의 산들은 아이들에게는 훌륭한 놀이터였다. 또한 도호쿠 지방의 들판은 과거 전쟁을 치렀던 전쟁터로 집 뒤쪽의 들판과 산에는 녹슨 창이나 버려진 총의 조각들, 갑옷과 투구 같은 것들이, 사람들 눈길이 잘 닿지 않는 곳에는 어김없이 그대로 남아있었다. 어린 시라세는 망가진 투구를 쓰고 전쟁

놀이를 하기도 했다.

시라세가 10살 가을 무렵이었다. 어선이 아침 일찍 출항하고 해변이 잠잠해지기 시작하면 근처 산에 있는 여우가 매일같이 둔치에 버려져 있는 남은 물고기를 노리고 나타났다. 여우들은 저녁에 어부들이 잡은 물고기를 배에서 끌어 올리고 난 후 인기척이 없어지면 몰래 내려왔다. 수확을 마친 보릿짚과 언덕에 쌓여져 있는 조금 높은 이삭 더미가 여우들의 전망대가 되었고, 해질녘 여우들은 산에서 내려와 그 위에 가지런히 앉아 바다를 바라보며 돌아오는 배를 기다리곤 했다. 그곳이 조금 높았기 때문에 바닷가에서 마을 사람들도 가끔씩 그 광경을 목격하곤 했다. 이를 알고 있던 개구쟁이 소년 시라세도 두세 번 여우들을 뒤쫓아봤지만, 여우들은 잽싸게 도망쳤다가 어느새 전망대로 돌아와 다시 바다를 바라보곤 했다.

어느 날 보통 때처럼 바닷가에서 놀고 있는데 친구 한 명이 여우를 발견했다. 커다란 여우 한 마리가 그들을 가만히 노려보고 있었다. 소년들은 작은 봉을 휘두르며 때리는 시늉을 하고 소리치며 위협해 봤지만 여우는 미동도 없이 유유히 자리 잡고 앉아 있었다. 그런데 어린 시라세의 머릿속에는 저 여우를 생포하겠다는 엉뚱한 생각이 떠올랐다. 시라세는 이미 그 무렵 여우를 그저 강아지 아니면 고양이 정도로밖에 생각하지 않았던 것 같다. 그는 대담하게 다른 친구들에게 명령을 내렸다. "잘 들어, 내가 지금 여우 뒤로 돌아가 꼬리를 잡고 생포할 테니 너희들은 그때까지 여우를 감시하면서 놓치지 마라. 내가 재빨리 뒤로 갈 테니 만약 내가 여우를 잡으면 막대기를 들고 뛰어 내려와."

시라세는 살금살금 돌아가 몰래 여우의 등 뒤로 갔지만 여우는 눈치채지 못한 듯 계속 바다만 바라보고 있었다. 그는 가슴이 진정되지 않았지만 온 힘을 다해 여우의 두껍고 긴 꼬리를 꽉 잡았다. 그러자 놀란 여우가 펄쩍 뛰어 올랐다. 여우를 놓치게 되면 지금까지의 노력이 모두 수포로 돌아가기 때문에 버둥거리는 여우의 꼬리를 끝까지 잡아당겼다. 그러다 마침내 여우의 꼬리가 끊어져 버렸다. 여우는 꼬리를 뽑힌 채 쏜살같이 산 쪽으로 도망쳤다. 시라세는 곧바로 꼬리를 휘두르며 팔과 어깨의 통증도 잊은 채 나무토막과 돌멩이를 든 개구쟁이 친구들과 정신없이 그 뒤를 쫓았다. 꼬리가 빠진 여우는 맹렬한 속도로 밭과 들을 뛰어넘었고 마침내 마을 변두리에 위치한 바위동굴 속으로 몸을 숨겼다. 어린 시라세는 안타까워하며 몇 번이나 동굴을 막대기로 두드려 봤지만 여우는 모습을 드러내지 않았다.

어느덧 시간은 흘러 사방에 땅거미가 지고 근처 숲에서 올 빼미 울음소리가 들려왔다. 결국 마을 개구쟁이들도 집으로 돌아갈 수밖에 없었다. 시라세가 여우 꼬리를 들고 마을 변두리의 산에서 집으로 돌아왔을 때에는 이미 늦은 밤이었다. 가족들이 걱정하고 있었지만, 시라세는 부모님께 의기양양하게 여우 사냥 이야기를 해드렸다. 그러자 시라세의 부모는 그저 웃으며 귀가가 늦으면 걱정이 된다는 주의만 줄 뿐이었다. 그것은 두 사람 모두 바다에 비해 산을 두려워하지 않았기 때문이었다. 시라세는 자서전에서 당시를 이렇게 회고하고 있다.

사실 나도 뒤로 돌아가 등 뒤에서 직접 여우를 봤을 때는 불안했다. 내가 입은 상처는 생각보다 가벼웠기에 그냥 놔두었더니 아물어버렸다. 물론 꾸중을 들을까 봐 부모님께는 말하지 않은 채 몰래 풀즙을 붙여 두었다. 그 때는 다치기라도 하면 무조건 풀즙을 붙이곤 했다. 뽑아낸 여우의 꼬리는 개구쟁이 시절의 기념으로 계속 보관하고 있다.

시라세가 14살 여름 때였다. 이 일은 시라세가 소년 시절에 경험한 가장 위험한 순간이었다. 시라세의 부모는 산에 비해 바다를 두려워하여 평소에도 바다에 들어가는 것에 자주 주의를 주었다. 그들 자신이 바다의 위험을 너무도 잘 알고 있었기 때문이었다. 당시 여름에는 고노우라 마을의 항구 내에 정박해있는 어선 바닥을 잠수한 채 빠져나가는 놀이가 소년들 사이에 유행이었다. 폐활량이 좋았던 소년 시라세는 이 놀이를 무척이나 잘 했다. 작은 어선이라면 문제가 되지 않지만 배가 크면 클수록 쉽지 않은 놀이였다.

어느 날 고노우라에 쌀 천 섬 가량을 실은 큰 화물선이 입항하여 고노우라 앞바다에 닻을 내리고 있었다. 이제껏 놀았던 작은 어선에 싫증이난 소년 시라세는 화물선에 다가가 크고 깊은 화물선의 바닥을 왔다갔다 하거나 친구들과 다 같이 잠수해 들어가곤 했었다.

그러던 어느 날 시라세는 늘 하던 대로 화물선의 밑바닥을 수영해 가로질러 가려는데, 순간 몸이 빨려 들어갈 듯이 화물선 바닥에 밀착해버렸고, 버둥거리다가 호흡곤란으로 결국 의식을 잃게 되었다. 다행히 뒤따라 잠수했던 친구 한 명이 그를 끌어내 수면으로 올려주었다. 시라세가 좀처럼 나오지 않자 걱정하던 친구들은 갑자기 떠오른 그가 움직이지 않자 놀라서 물가로 옮겼다. 시라세는 정신을 차리고 눈을 뜨자마자 입과 코로 많은 물을 쏟아냈다. 차가워진 몸을 모닥불로 따뜻하게 만들어 목숨을 구할 수 있었지만 그 후로 얼마 동안 바다에 들어갈 수 없게 되었다. 당시는 거의 숨이 끊어지기 직전이었기 때문에 몇 분만 늦게 도움을 받았다면 죽었을지도 모를 일이었다. 시라세는 그 일을 천운이었다고 회고했다.

시라세는 8살 봄 무렵에 이미 사숙(일종의 서당)을 운영하던 사사키 세츠사이 선생의 제자로 들어갔다. 사사키 선생은 일찍이 서양의 문물을 공부하고 받아들인 인물로 학생들에게 서양인에 관한 일화를 곧잘 들려주곤 했다. 그는 콜럼버스, 마젤란, 때로는 존 프랭클린*의 탐험담도 들려주었고, 시라세는 그 이야기에 시간 가는 줄 모르고 몰두했다. 그 무렵 일본에는 탐험 관련 서적이 거의 없었는데, 시라세가 읽었던 유일한 탐험서는 중국 당나라 삼장법사의 인도 여행기인《대당서역기》였다. 시라세는 이를 몇 번이나 읽고 삼장법사의 용기와 인내심

---

* 영국의 북극탐험가로 1847년 캐나다 북극 탐사중 전대원과 함께 실종되었다.

에 크게 감동을 받았다

고노우라에는 봄부터 가을까지 북방으로 출항하는 어선들이 있었는데 시라세는 그 어부들의 이야기를 자주 들었다. 홋카이도 안쪽에 사는 식인 백곰, 쿠릴 열도의 거대한 빙산, 사할린의 역사 등. 그들의 이야기에는 과장된 부분도 있었지만 어린 시라세는 흥미로워하며 열심히 귀담아 들었다.

시라세가 11살이 되던 어느 봄날 사사키 선생님은 언제나처럼 외국 정세를 설명한 후에 "서양인은 매우 위대하다. 인내력이 상당히 뛰어나고 열정적이며 건강한 몸을 갖고 있다. 북극은 지구의 북쪽 끝에 위치하여 얼음과 눈뿐이지만, 서양인은 매우 건강하기 때문에 추운 곳에서도 견딜 수 있다. 일본인은 근성이 부족하여 집에만 처박혀 있기에 훗날에도 서양인들처럼 되기는 불가능할 것이다"라고 말했다. 시라세는 서양인은 할 수 있는 일이 어째서 일본인에게는 불가능한 것일까라는 의문을 갖게 되었다. 그는 며칠 후 굳은 결심을 하고 선생님에게 북극 탐험을 꼭 해보고 싶으니 그 방법을 가르쳐 달라고 간청했지만, 선생님은 아직은 너무 어려서 자격이 없다며 거절하고는 상대해 주지 않았다.

어린 시라세가 생각한 북극은 막연했지만 미지의 세계에 대한 뜨거운 열정이자 희망이었다. 그는 어떻게든 사사키 선생님이 말한 이야기 속의 북극탐험가가 되고 싶다고 결심했다. 일주일간 매일 악착같이 선생님 옆에 붙어 간곡히 부탁하자, 사사키 선생님도 시라세의 굳은 결심에 두 손 들고 필기구와 종이를 주며 다음과 같은 다섯 항목을 받아 적게 했다.

1. 술을 마셔서는 안 된다.
2. 담배를 피워서는 안 된다.
3. 차를 마셔서는 안 된다.
4. 뜨거운 물을 마셔서는 안 된다.
5. 한겨울에도 절대 불을 쬐지 않도록 한다.

사사키 선생님은 위 항목을 단호하게 전했다. 덧붙여 선생은 "이것은 매우 어려운 일이지만 언제까지라도 끝까지 지켜야 한다. 네가 당장은 어리기 때문에 지켜야 할 것이 뜨거운 물과 불을 가까이 하지 않는 것뿐이지만 만약 이 다섯 가지를 확실히 지킨다면 네 몸은 북극에 갈 수 있을 정도로 건강하게 될 것이다. 참는 것이 우선이다. 게다가 맑은 냉수만큼 몸에 좋은 것은 없다. 그러나 갑자기 실행하면 몸을 망가뜨릴 수 있으므로 몇 년에 걸쳐 차츰차츰 익숙해지거라"라고 친절하게 알려 주었다.

이런 원칙을 바로 실행하는 것은 쉽지 않았다. 도호쿠 지방의 겨울은 매우 춥다. 특히 동해에서 부는 바람은 상당히 매섭다. 한겨울 불을 멀리하는 것은 매우 힘들다. 그러나 시라세는 신념을 지켰다. 선생의 사숙에서도 집에서도 절대 화로를 멀리하려고 노력했고 뜨거운 차와 물은 물론 따뜻한 밥과 뜨거운 국물도 먹지 않으려 애썼다. 그러자 결국에는 이것들이 몸에 배어 2년이 지나자 엄동설한의 겨울에도 추위에 떨지 않을 정도가 되었다. 그는 성인이 되어서도 술은 물론 약간의 술이 들어간 절인 음식조차 입에 대지 않았으며, 오로지 신체의 자연적 저항력과 체력 강화에 매진했다.

시라세는 약 70여 년간 이 교훈을 철저히 지키며 몸소 실천했다. 그를 찾아온 손님에게 차를 대접하면서도 시라세는 냉수를 마셨고, 자신의 회고담을 이야기하면서도 화로를 가까이하지 않았다고 한다. 시라세는 여든이 되어서도 겨울이면 발을 바깥에 내놓고 잤다고 한다. 그 이유는 5~10분간 발을 이불 속에 넣으면 몸이 따뜻해지기 때문이었다. 이렇게 한기를 견디는 특별한 심신은 그의 인생 수십 년의 생활을 지배하게 된다. 이와 같이 시라세는 타고난 건강만큼이나 굳은 의지를 가진 인물이기도 했다.

군 복 무 시 절

시라세는 1877년 봄, 16세가 되던 해에 탐험가가 되기 위해 승려의 길을 포기하고 야마가타 현에 있는 학교에 들어가 우수한 성적으로 졸업했다. 18세 되던 해 그는 도호쿠 지방에서 수도인 도쿄로 상경했고 아사쿠사에 있는 상급 학교에 진학했다. 한문 실력이 뛰어나 바로 3학년으로 편입할 수 있었다. 그는 과거 사사키 선생의 조언대로 심신을 연마하기 위해 군에 입대할 생각을 갖고 있었다.

상급학교 생활은 순탄하지 않았다. 도호쿠 지방 출신의 개성 넘치는 시라세와 도쿄의 도시 젊은이들 간에 의사소통은 쉽지 않았다. 그는 상급생과 충돌하여 싸움을 벌인 적도 있었고 동급생들에게 따돌림을 당하기도 했다. 이렇게 학교를 다니는 것보다는 바로 군인이 되는 게 낫겠다고 생각한 그는 학교를 자퇴하고 육군 교도단* 시험을 치른 뒤 합격하여 군대 생

---

* 일본의 하사관 양성기관.

활을 시작했다. 이렇게 시라세는 18세에 군에 입대하여 30세까지 복무하게 된다.

20세가 되던 해 그는 육군 교도단에서 육군 제2사단으로 편입한다. 이 무렵 그는 여러 탐험가의 전기를 열심히 읽었다. 그는 "시간을 쪼개 콜럼버스와 스탠리*의 탐험기,《로빈슨 크루소》등을 읽으며 스스로 책 속의 인물이 되어 머나먼 구름의 그림자를 늘 동경했다"고 회고했다.

또한 이 시절의 그는 육군 제2사단의 고다마 겐타로 소장과 각별한 인연을 맺게 된다. 어느 날 고다마 소장은 시찰 중에 동료와 산책을 나가지 않고 혼자 쓸쓸히 앉아 있던 시라세를 보았다. 그는 시라세가 외출하지 않고 혼자 남아 있는 이유를 물었는데, 시라세는 이렇게 대답했다. "저는 북극 지방을 탐험하기 위해 수 년간 혼자서 계획을 세우고 있는데 지금 바로 그것에 대해 골똘히 생각하고 있습니다." 그는 시라세에게 쿠릴 열도나 사할린 지역 같은 추운 곳에서 충분히 몸을 단련하고 경험을 쌓는 것이 우선이며, 그 같은 오지의 혹한과 싸워 자신감을 키우는 것이 필요하다고 충고해 주었다. 그리고는 "우리가

---

* 헨리 스탠리는 영국 출생의 탐험가로 1874~1877년 중앙 아프리카를 탐험해 콩코강의 지도를 작성했다.

앞으로 그림자가 되어 지원해 주겠다"라며 호의적으로 답해
주었다.

이후 고다마 겐타로는 쿠릴 열도 탐험과 관련해 시라세를
지속적으로 도와 주었으며, 러일전쟁이 끝나면 그의 북극탐험
을 대대적으로 후원해 주겠다고도 했다. 시라세도 감격하여
고다마 소장을 자신의 정신적 지주로 여겼지만 안타깝게도 러
일전쟁 직후 고다마는 병으로 세상을 떠나고 말았다. 장군을
만난 후부터 시라세의 가슴에는 쿠릴 열도에 대한 희망이 불
타올랐다. 이 무렵 시라세는 야스코를 만나 1887년 7월 결혼식
을 올렸다.

쿠릴 열도는 러시아와의 사할린 섬 교환 조약에 따라 1875
년 일본령이 되었지만 그곳은 개발되지 않고 오랜 시간 방치
되어 있었기 때문에 서양의 밀렵선이 모피와 물고기를 쓸어가
도 일본정부는 미처 신경을 쓰지 못했다. 시라세가 서른 살이
되던 1891년 일본 국왕 메이지는 쿠릴 열도 탐사를 명령하며
국가적으로 쿠릴 열도를 개발하려는 분위기를 조성했으며, 이
때 시라세도 그 기류에 편승해 쿠릴 열도 탐험에 대한 꿈을 이
룰 수 있었다.

일본에서는 메이지 시대(1868~1890) 중기까지 육군에 무관

결혼조례라고 하는 법규가 있었는데, 그것은 결혼할 때 소위 나 중위는 600엔(현재 가치로 약 720만원), 대위는 400엔이라는 적지 않은 돈을 보증금으로 납부해야 하는 것이었다. 보증금 제도를 만든 이유는 무분별한 결혼을 금하고 장교로서 품위를 지키며 인격 높은 군인을 양성한다는 취지였지만, 그 결과는 취지를 살리지 못하고 오히려 보증금을 마련하지 못해 정직당하는 사람이 생겨나곤 했다. 혈기왕성한 시라세 중위는 이 폐습을 지금 일소하지 않으면 앞으로 일본 군인의 사기를 떨어뜨리거나 국가의 미래에 악영향을 끼칠 것이라는 내용의 글을 1891년 4월 《병사신보》라는 군 신문에 제 2사단 병사라는 이름으로 투고했다. 그러나 이 문제가 의외로 큰 파문을 일으켜 시라세 중위는 결국 1892년 10월 1일 현역에서 물러나 예비역으로 편입된다. 하지만 이 사건을 계기로 일본 육군의 무관결혼조례는 마침내 개정되었다.

시라세는 군에서 전역한 것을 계기로 자신의 소원인 북극 탐험을 실행에 옮기기 위해 쿠릴 원정 계획을 수립한다. 쿠릴 원정 계획을 고향 친척 및 선배들과 상의하는 한편, 원정에 대한 뜻을 널리 알리려고 신문에 광고도 실었다. 그는 탐험대를 모집했고 일본 각지에서 수많은 지원자가 몰려들었다. 시라세의 고향 사람들도 지원을 아끼지 않아, 탐험에 쓰일 배와 식량 및 장비를 적극적으로 마련해 주었다. 그러나 전역 이듬해인 1893년 2월경, 해군 대위인 군지 나리타다가 시라세와 같은 북 쿠릴 섬으로 3월경에 출발한다는 소문이 들려왔다. 군지 대위 또한 시라세처럼 쿠릴 열도 개발의 필요성을 강하게 느끼고 있었다. 시라세는 고민 끝에 서로 같은 뜻을 지닌 군인들끼리 의 경쟁은 무의미하다고 생각해 군지 탐험대와 함께 행동하기 로 결정한다.

쿠 릴 열 도 탐 험

탐험 준비를 마친 시라세는 그의 나이 32세 되던 해에 쿠릴 열 도를 향해 출발한다. 마침내 그의 열망 중 하나가 이뤄지고 있 었다. 1893년 5월, 시라세 일행이 센다이를 출발해 육로로 중 간 목적지인 하코다테에 도착했을 때 좋지 않은 소식을 접하 게 된다. 군지 대위의 배가 폭풍우로 조난을 당해 쿠릴 열도를 밟기도 전에 19명의 대원이 희생되었다는 비보였다.

군지 대위의 탐험대는 일본 군함인 이와키호에 구조되어 하 코다테에 도착했으나 탐험 자금과 대부분의 장비를 잃고 사기 가 급격하게 떨어져 있었다. 하코다테의 한 절에서 19명 희생자들의 위령제를 치르는 동안, 군지 대위에게 불평하며 다시 고향으로 돌아가겠다고 하는 부하들도 생겨났다. 군지 대위는 침묵 끝에 결국 탐험대를 해산하고 쿠릴 탐험을 중지하겠다고 선언했다. 이 때 위령제에 참석한 시라세가 나서서 군지 대위를 격려하며 말했다. "여기까지 힘들게 와서 안타깝게 탐험을 중단한다면 19명의 희생을 헛되이 만드는 결과가 되지 않겠습니까? 우리 탐험대가 적극 돕고 지원을 아끼지 않을 테니 부디 우리와 목적지까지 함께 갑시다." 시라세의 제안과 열의에 찬 설득에 감동한 군지 대위는 마음을 바꿔 시라세 탐험대에 합류하기로 결정한다. 그리고 그들은 함께 하코다테의 부유한 상인인 히라데 카사부로를 찾아가 지원을 요청하고 쿠릴까지 태워다 달라고 부탁했다. 히라데는 쿠릴 남쪽의 이투루프 섬에서 어장을 운영하기 위해 배를 갖고 있었으므로 그들에게 흔쾌히 무료 수송과 약간의 식량을 지원해 주었다.

시라세는 당시를 회상하며 이렇게 말했다. "지금 생각해보면 군지 대위와 우리 일행의 계획은 매우 엉성하고 무모했으며, 다른 사람의 보급품에 의존해 쿠릴 열도 탐험을 완수하려 했기 때문에 지금 와서 보면 전혀 이해할 수 없을 정도로 어리석은 탐험이라고 말할 수 있습니다. 섬과 바다에서 얻을 수 있

a)

러시아

캄차카 반도

오호츠크 해

사할린

쿠릴 열도

중국

홋카이도

한국

일본

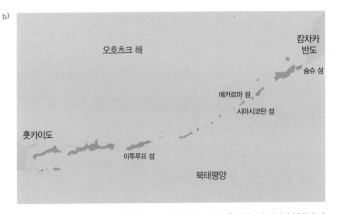

b)

오호츠크 해

캄차카
반도

슘슈 섬

에카르마 섬

시아시코탄 섬

홋카이도

이투루프 섬

북태평양

그림 2-2   쿠릴 열도는 일본 홋카이도와 러시아 캄차카 반
도 사이에 늘어서 있는 섬들로 이루어져 19세기에 들어 양국
사이에 여러 번의 국경분쟁이 있었다. 아래 지도(b)는 위 지도
(a)의 동그랗게 표시한 부분을 확대한 것이다

는 식량, 즉 여우, 곰, 물고기, 미역으로 식량을 해결한다는 계획이었습니다." 시라세 탐험대는 오직 그들의 정신력과 체력으로 물질적인 부족을 만회하려 했던 것 같다.

　1893년 6월 13일, 시라세 일행은 히라데의 선박 긴키호를 타고 하코다테를 출발하여 6월 17일 이투루프 섬에 도착했다. 그들은 그곳에서 최종 목적지인 쿠릴의 슘슈 섬에서 측량 작업을 하기로 한 이와키호를 기다렸으나 이와키호는 좀처럼 나타나지 않았다. 대신 쿠릴의 시아시코탄 섬에서 유황을 채굴하기 위해 떠난 다이요호가 이투루프 섬에 도착했다. 더 이상 시간을 지체할 수 없었던 시라세 일행은 선장에게 요청하여 일단 다이요호에 편승했다. 그리고 여러 날에 걸쳐 중부 쿠릴 열도를 항해하여 사람의 발길이 닿지 않은 북부로 향했다. 7월 31일 그들은 서늘한 기운이 감도는 오호츠크 해에 진입했고 곧 시아시코탄 섬에 도달했다.

　시아시코탄 섬은 과거 토착민의 어장이었다. 시라세는 이 섬을 3일간 탐험하였다. 그리고 이 섬에 대해 다음과 같이 기술했다. "산 위에는 눈잣나무, 오리나무 2종이 눈폭풍에 피해를 입고 여기저기에 구부러지거나 구불구불 매달려 있다. 또

월귤나무, 감, 백합, 엉겅퀴 외 5~6종의 유연한 고산식물이 그 사이에 우거져 있다. 바다에서는 주로 다시마와 김을 채집했으며, 해안에서는 오리, 가마우지, 갈매기, 매를 발견했는데 수렵이 쉽지 않다는 것을 알게 되었다. 연안은 암석이 많고 파도가 높아 정박하기 부적합하다."

다이요호는 충분한 양의 유황을 발견하지 못하여 섬을 돌며 항해를 계속하였다. 시라세 일행도 그들의 유황 채굴을 도와주었다. 그 동안 그들은 온천과 풍부한 송이버섯, 난파선의 흔적을 발견하기도 했다. 시라세는 군지 대위와 함께 시아시코탄 동남쪽 해안 탐험을 시작했다. 그들은 추운 날씨와 비바람으로 고생했지만 모두 무사히 탐험을 마쳤다. 다이요호도 유황 채굴을 마치고 떠날 준비를 하고 있었다.

시라세 탐험대는 그 섬에 지부를 세우기로 하고 9명의 탐험대원을 그곳에 남게 하고 식량과 장비를 나눠 주었다. 그 후 탐험대 일행은 항해 중 우연히 군함 이와키호를 만났다. 시라세 일행은 기뻐하며 이와키호로 옮겨 타고 다시 본래의 목적지인 슘슈 섬으로 출발했다.

8월 31일, 시라세 탐험대 7명은 슘슈 섬에 도착했다. 그들은 일단 슘슈 섬에 상륙하자마자 겨울 보낼 준비를 시작했다. 그들은 숙소를 짓기 위해 땅을 파고 천막을 덮어 토굴을 만들었다. 거친 폭풍우와 해충 떼가 그들을 괴롭혔다. 토굴을 지은 후에는 각종 물자를 보관할 창고를 마련했다. 그들은 땅을 갈아 약간의 채소 씨앗을 뿌리기도 했다. 그 동안 해안가 측량을 끝낸 이와키호가 슘슈 섬을 떠나자 그간 쿠릴 열도에서 밀렵을 해오던 서양의 배들이 다시 모습을 드러내기 시작했다. 그들은 지속적으로 나타났지만 시라세 일행은 손을 쓸 도리가 없었다. 시라세 일행은 숯가마를 지어 숯을 만들고 사냥을 통해 식량을 비축하는 등 겨울을 나기 위한 준비에 바빴다. 혹독한 오호츠크 해의 추위에 1893년 한 해도 저물어 갔다.

1894년 새해가 밝았다. 시라세 일행은 자신들이 빚은 떡으로 떡국을 만들어 신년을 축하했다. 하지만 밖에는 나가는 것조차 힘들 만큼 맹렬한 눈보라가 치고 있었다. 3월이 되어서야 비로소 날씨가 가라앉았다. 그들은 한창 날씨가 좋을 때 사냥을 하여 식량을 비축했다. 오호츠크 해의 수많은 얼음 조각들이 태평양으로 떠내려가고 있었다. 4월에는 바다에 안개가 끼기 시작했다. 드디어 눈이 녹고 날씨가 풀리고 있었다. 이 틈에 시라세와 군지 대위는 대원 몇 명과 다시 한 번 섬의 남쪽을 탐험하기로 했다. 그러나 섬의 맑은 날씨는 그날 점심 무렵 갑자기 돌변하여 자욱하게 안개가 끼고 눈보라가 치기 시작했다. 그 다음 날도 눈보라의 연속이었고 눈도 뜰 수 없을 정도였다. 그들은 눈을 감고 서로에게 의지하며 계속 걸었다. 제대로 된 식사를 하지 못해 허기지고 기력이 다하여 쓰러지기 직전이었으며, 각자 크고 작은 부상을 입었지만 그들은 결국 무사히 귀환했다.

그 후 5월에서 6월에 걸쳐 그들은 섬의 북쪽을 탐험했다. 그들은 도중에 영국에서 온 밀렵선을 또 목격했다. 밀렵선은 오래 전부터 쿠릴 열도의 바다를 측량해서 정확한 해도를 갖고 있었다. 그 지도를 바탕으로 매년 50여 척의 밀렵선이 5개월 동안 해달, 물개를 마구 포획하여 수백만 장의 가죽을 가져갔다. 시라세는 밀렵선을 막아보려 했지만 빈약한 무기와 적은 인원으로는 어쩔 수 없었다. 대신 시라세는 쿠릴 탐험기에 이들 밀렵선을 상세히 조사하여 목록을 실었다.

6월 28일, 근 1년 만에 이와키호가 돌아왔고 시라세는 자신의 일행이 무사히 한 해를 지냈음을 알렸다. 그들은 오랜만에 성대한 잔치를 벌이고 서로의 안부를 전했지만, 사실 이와키호는 군지 대위 일행을 데려가기 위해 온 것이었다. 청나라와 일본의 국교가 단절되고 전운이 감돌고 있었기 때문이었다. 시라세는 귀국하지 않고 교체된 대원 5명과 계속 잔류하며 1894년 7월부터 이듬해까지 약 1년간 전쟁에 대해 전혀 모르고 지냈다. 당시에는 적절한 통신 수단이 없었기 때문에 극지 탐험가들은 한번 들어 가면 전혀 외부 소식을 접할 수 없었다. 영국의 어니스트 새클턴도 1914년부터 3년간 남극의 웨델 해에서 배가 얼음에 갇혀 침몰하고 해빙 위에서 표류하는 동안 1차 세계대전이 일어났다는 사실을 전혀 모르고 있었다. 군지 대위는 이후 청일전쟁에 참전한 뒤 귀국하여 시라세의 가족에게 그의 안부를 전해 주었다.

슈슈 섬에서 또 한 해가 저물어갔다. 다가오는 겨울을 위해 시라세는 새로 교체된 탐험대의 일과표와 식단표를 손수 만들었다. 겨울 내내 심신을 건전히 유지하기 위해서였다. 날씨가 좋을 때는 땔감을 수집하거나 야외활동을 했고, 날씨가 악화되면 토굴 안에서 책을 읽거나 공부를 했다. 두 번째 겨울 또한 혹독했다. 전년에 비해 거의 두세배나 추웠고, 강설량도 배는 많았다. 추위가 혹심하여 손가락이 금속에 닿으면 바로 얼어붙어버리고 내쉰 숨은 바로 수염과 눈썹은 물론 속눈썹까지도 하얗게 얼어붙게 만들었다. 난방을 전혀 하지 않는 시라세의 토굴 안에는 천장과 벽면은 서리로 하얗게 얼어붙어 극심한 추위로 잠을 이룰 수 없던 적도 한두 번이 아니었다. 기온은 영하 20도 이하로 내려가고 바람은 초속 15~25미터에 달해 북극 겨울과 다를 바가 없었다.

1895년 3월 시라세는 좀 더 북상하여 러시아령의 캄차카 반도를 탐험하기로 결정했다. 추위가 혹독했지만 오히려 그것이 슈슈 해협의 바다가 얼어 캄차카 반도 탐험에는 절호의 기회라고 생각했다. 그는 얼어붙은 해협을 건너 캄차카 남단의 로팟카 곶을 탐험하는 데 성공했으나 자신의 탐험기에는 짤막하게 한 줄만 기입하고 발표는 하지 않았다. 당시 캄차카 탐험은 러시아 국경을 몰래 넘은 셈이었기 때문에 문제의 소지가 있어서였다.

3월이 지나 4월이 다가오면서 식량이 서서히 바닥나기 시작했다. 일부 탐험대원은 괴혈병으로 쓰러졌고, 몸 속에 물이 차올라 붓는 수종으로 고통받기 시작했다. 시라세는 자신이 기르던 개까지 잡아먹으며 탐험대의 목숨을 부지하려 했으나 끝내 대원 3명이 괴혈병으로 사망했다. 시라세 자신도 괴혈병으로 피로와 고열, 전신 통증으로 물만 마시며 사경을 헤맸으나 강한 정신력과 체력으로 가까스로 회복할 수 있었다.

8월 21일에는 일본 정부의 허가를 받은 해달수렵선인 야구

모호가 시라세 일행을 귀환시키기 위해 도착했다. 시라세 일행 3명은 자신들이 섬에 머물렀다는 것을 기록한 동판과, 희생된 탐험대원과 그간 사냥한 수많은 야생동물에 대한 애도의 글을 남기고, 슘슈 섬에 상륙한 지 2년 만에 섬을 떠났다. 귀항하는 배의 갑판에서 옅은 안개 속으로 사라져가는 섬의 광경을 보며 그들은 시원섭섭함과 동시에 가슴 뿌듯한 감동을 느꼈다.

귀환길에 야구모호는 해달 수렵을 위해 시아시코탄 섬에 들렀다. 그곳은 과거 시라세 탐험대가 지부를 세우고 9명의 대원을 남겨 놓았던 곳이다. 안타깝게도 남겨진 9명 중에 살아서 시라세를 반긴 사람은 아무도 없었다. 그들이 살았던 흔적과 함께 묻혀 있는 뼈 조각만이 지난날의 비참함을 보여 주고 있었다. 남아 있는 일기장에 따르면 시아시코탄 섬의 대원들은 1년치 식량을 받았지만 식량을 계획보다 너무 빨리 소모해 그해 겨울을 날 식량조차 부족했다. 결국 그들 중 5명은 10월경 인근의 에카르마 섬으로 사냥을 하기 위해 보트를 타고 건너갔지만 끝내 돌아오지 못했다.

시라세가 직접 그 섬으로 건너가 조사했지만 그들이 소지했던 물건의 파편만 발견했을 뿐 시신은 발견하지 못했다. 시라세는 그들이 탄 작은 보트가 쿠릴 특유의 거친 파도에 휩쓸려 침몰했거나, 다른 섬에 정박하는 동안 거친 풍랑에 보트를 잃고 돌아가지 못해 굶어 죽었다고 생각했다. 남아 있는 4명도 시라세 탐험대가 겪었던 괴혈병으로 고통스러워하다 결국 전부 사망했다. 과거 군지 대위를 데려갔던 이와키호가 시아시코탄 섬에 들러 그들의 시신을 전부 매장해 놓았다. 시라세는 에카르마 섬에서 사망한 5명의 묘비를 추가로 만들고 그들의 무덤 앞에서 추모의 시간을 가졌다.

다시 시아시코탄 섬을 떠나 40일간 항해한 끝에 시라세 일행은 마침내 사람이 사는 이투루프 섬으로 돌아왔다. 마침 이투루프 섬에는 군함 가츠라기호가 정박해 있었는데, 이 군함은 쿠릴 열도 측량을 하다가 시라세 일행이 이미 배를 타고 떠난 후인 9월 초에 슘슈 섬에 들렀었다. 그들은 사람의 모습을 찾을 수 없어 시라세 일행이 전부 죽은 것으로 착각했고, 시라세 일행이 탄 배보다 빠르게 귀항하여 시라세 일행의 죽음을 일본에 알렸다. 그 소식은 고향에도 전해져 시라세의 부인은 이미 장례식까지 준비하고 있었다.

시라세 일행은 가츠라기호에 탑승하여 마침내 1895년 10월 19일 일본 본토의 센다이에 도착하였다. 문명과 격리된 쿠릴 열도에서의 탐험 생활을 통해 시라세는 극지방의 혹독한 환경도 충분히 극복할 수 있다는 자신감을 얻게 되었다. 또한 그곳의 뼈와 살을 깎는 추위와 눈보라를 겪으며 북극 탐험에도 적응할 수 있는 강인한 체력과 정신력도 갖추게 되었다.

러 일 전 쟁   전 후

고향으로 돌아간 시라세는 몇 년간 휴식을 취하며 북극 탐험을 준비했다. 책을 읽으며 탐험에 대한 계획을 세우며, 한편으로는 쿠릴 열도 개척 운동을 지원했다. 그리고 쿠릴에서 지내는 동안에 썼던 일지를 모아 책으로 출판하여 쿠릴 열도에 대한 문제점도 알렸다. 그는 쿠릴 열도에 경비대를 설치하여 매년 출몰하는 밀렵선에 대처할 것을 주장했다. 그는 당국에 자신의 주장을 건의했지만 당국에서는 아무런 반응이 없었다.

1902년 그는 도쿄로 상경하여 옛 상관 고다마 겐타로와 재회했다. 그는 소장에서 중장으로 진급해 있었다. 시라세는 그에게 쿠릴 탐험에 대한 이야기를 들려주고 북극 탐험에 대한 자신의 계획을 말했다. 겐타로는 그에게 의회와 관련된 지원을 약속하며 어떤 일이든 기회를 잡아야 성공할 수 있으니 조급해하지 말고 기회를 기다리라고 했다. 시라세는 당시의 심정을 이렇게 기술했다.

기회는 저절로 오는 것이 아니다. 반은 본인이 만들고 반은 하늘이 만드는 것이 기회다. 그 기회를 민첩하게 잡는 것이 세상을 사는 능력이다. 마치 연을 손에 쥐고 봄바람을 기다리는 것과 같다. 내가 준비하고 있으면 산들산들 바람이 불기 시작했을 때 하늘로 연을 날릴 수 있지만 내가 준비하고 있지 않으면 허무하게 봄바람을 놓치게 된다. 이와 마찬가지로 나는 이미 만사 착오 없이 호기를 엿보고 있다. 그러나 세상 일은 뜻대로 되지 않아 불행하게도 기회의 바람이 불지 않는다. ……

같은 해 10월 시라세는 홋카이도 도청에서 공무원 생활을 시작했다. 그는 일과 후 남는 시간을 캄차카 및 알래스카와 북극해 연구에 사용하며 기회가 오기를 기다렸다. 그러다가 1904년 러일전쟁이 발발하자 시라세는 현역 군인으로 소집되어 전쟁에 참전했다가 1905년 귀국하였다.

귀국 후 시라세는 더욱 북극탐험에 대한 열정에 부풀어 항상 북극 해도를 책상 위에 펼쳐놓고 탐험 코스 선정에 여념이 없었다. 그러던 중 미국의 로버트 피어리가 1906년 1차 탐사에서 북위 87도 6분에 도달하였고, 1908년 미국 프레더릭 쿡의 탐험대가 북극점에 도달했다는 주장이 들려왔다. 한편 남극에서는 1907년 영국의 어니스트 새클턴이 남위 88도 23분까지 도달했다. 이 소식들을 들은 시라세는 한층 더 자극을 받았다.

1909년 시라세는 한 신문 기사를 접했다. 〈로버트 피어리의 북극 원정대, 4월 6일 마침내 북극점 도달〉, 이것만큼 시라세를 놀라게 한 것은 없었다. 40년 가까이 북극만을 목표로 살아온 그에게 정신적 충격은 이루 말할 수 없는 것이었다. 당시 시라세는 "피어리가 북극을 정복했다는 보도는 나에게 큰 절망감을 안겨주었다. 남과의 경쟁에서 패배했다는 실의와 그에 따른 좌절감이 번갈아 나를 고뇌하게 만들었다"라고 당시 심정을 회고했다.

시라세는 한동안 실의와 절망에 빠졌지만 곧 벗어나 탐험계획을 전면 수정하였다. 당시 영국의 어니스트 새클턴이 남극 88도 23분까지 도달했지만, 90도의 남극점은 아직 아무도 밟은 적이 없었다. 시라세는 북극탐험을 단념하고 대신 남극으로 향하겠다고 마음을 바꾸었다. 공교롭게도 당시 노르웨이의 로알 아문센 또한 같은 이유로 북극에서 남극으로 탐험 목표를 바꾸었다. 시라세는 즉시 남극 탐험에 대한 계획을 세우고 선박, 장비, 대원, 비용 마련 등으로 동분서주 바쁘게 움직였다. 그는 남극 탐험 비용을 지원받기 위해 일본 의회에 제출할 청원서와 탐험 계획서도 만들었다.

남 극 탐 험 준 비

탐험은 사람의 발이 닿지 않은 곳을 밟는 것이 목적이며, 누구보다 앞서 그 땅에 발자국을 남긴 자가 월계관을 쓰는 것이다. 나는 그런 땅에 가고 싶다. 누군가가 괭이와 낫으로 잡초를 베어 만든 평탄대로를 어슬렁어슬렁 좇는 것은 질색이다. 뱀이 나와도 곰이 나와도, 아직 사람의 발길이 닿지 않은 곳을 몸소 밟고 싶다.

이것이 시라세의 생각이었다. 남극점에는 아직 아무도 도달하지 않았기에 그것이 시라세를 불타오르게 만들었다. 남극 대륙을 밟을 준비를 하기 위해서는 일단 탐험 자금이 필요했다. 시라세는 자신의 탐험이 충분히 교육적 가치가 있다고 믿고 우선 문부성에(우리나라의 교육부에 해당) 5만엔(현재 가치로 약 6억 원)의 자금 지원을 요청했다. 그는 문부성에 가서 이 자금이 남극 탐험대를 위해 장비를 구입하기 위한 액수라는 점을 조심스레 설명했다. 문부성 관리는 그의 제안에 실소를 금치 못하며 다음과 같이 대답했다고 한다. "극점에 가는 일은 건장한 체격의 영국인들 혹은 부유한 미국인들이나 원한다면 하라고 하고 우리는 남극에 가지 않는 게 좋겠다. 우선은 돈도 없고 둘째는 위험한 탐험 같은 것은 일본인의 체질에 맞지 않는다." 결국 관리들은 5만엔 정도의 적은 돈으로 어떻게 남극 탐험을 할 수 있을지 이해할 수 없었으며, 그런 바보 같은 사업은 그만두고 극지탐험 같은 것은 돈 많고 자신들보다 신체적으로 우월한 유럽 사람한테나 맡기라고 충고한 것이었다. 정부의 이 같은 대답은 사실 당시 일본인이 갖고 있던 극지에 대한 일반 정서였으며 서양인에 대한 열등감을 나타낸 것이었다. 1910년 1월 시라세는 의회에 남극 탐험 준비 자금으로 10만 엔(현재 가치로 약 12억 원)을 지원해줄 것을 요구하는 청원서와 탐험 계획서를 제출했다. 이 청원은 무사히 통과되었지만 지원 비용은 3만엔으로 삭감되었다.

의회의 지원 결정으로 시라세는 드디어 탐험 착수에 들어간다고 기뻐했으나, 비용은 턱없이 모자랐다. 그리고 그마저도 1911년 이후에나 지급받을 수 있다는 것이었다. 이 때 영국의 스콧 탐험대가 6월 남극대륙을 향해 출발할 예정이라는 소식이 들려왔다. 시라세는 다시 한 번 충격을 받았다. 당시 서둘러 준비하면 6월에 출발할 스콧보다 더 빨리 도착할 수 있을 것으로 생각했다. '하루가 늦어지면 1년이 손해다!' 이것이 그의 생각이었다. 그는 자신을 도와줄 동료를 모으고 자금 지원을 받기 위해 유지들을 찾아 다녔다. 그를 돕겠다는 사람들 중에는 해군의 고위 간부도 있었고 유명한 교수들도 있었다. 시라세는 그들을 다음과 같이 설득했다.

적어도 이번 남극탐사 연구계획은 일본을 대표하기에 충분한 국가적 사업이다. 탐험에 성공하면 직간접적으로 일본의 명성을 세계에 빛낼 수 있다. 세계라는 활동 무대에 서기 위해서는 모험적인 연구가 필요하다. 방 안에 앉아 연구만 하는 것이 능사가 아니다.

그러나 정작 일본정부에서는 아무런 관심이 없었다. 시라세의 의회청원이 통과되었는데도 정부는 탐험 자금을 지원하는 문제에 대해 언급조차 하기 싫어했다. 시라세는 당시의 유감스러움을 이렇게 말했다. "자금 지원 문제로 정부와 더 이상 시간을 끄는 것은 무의미했다. 정부 관리들과 논쟁하는 것은 마치 돌부처와 얘기하는 것 같았다." 어쨌든 분명한 것은 정부에서는 한 푼도 받지 못했다는 것이다.

시간은 하염없이 흐르고 있었다. 절망에 빠진 시라세는 고민 끝에 하나의 대안을 생각해냈다. '정부는 관심이 없더라도, 일반 국민들의 생각은 다르지 않을까?' 그는 지인들의 도움을 받아 남극 탐험에 대한 대중 연설회를 개최하기로 했다. 그 동안 그의 남극 탐험 계획은 여러 신문과 잡지에도 실렸지만 이번에야말로 그의 뜻을 세상에 직접 호소할 수 있는 기회였다.

1910년 7월 5일은 연설회가 처음으로 개최되는 날이었다. 개최 몇 시간 전부터 연설회장은 수많은 인파로 붐볐다. 연설회에는 수많은 유력 지인들이 그를 위해 찬조 연설을 하기로 되어 있었다. 그 중 어떤 이는 이렇게 말하기도 했다. "스페인의 이사벨라 여왕이 콜럼버스를 지원하기 위해 다이아몬드를 팔아 배를 건조했다는 것은 유명한 이야기다. 우리에게는 다행히도 지금 여기에 콜럼버스에 버금가는 시라세가 있지만, 이사벨라 여왕은 어디에 있는가? 아아, 콜럼버스는 왔다. 하지만 이사벨라는 나타나지 않는 것인가!" 찬조 연설자 중에는 시라세 남극 탐험에 가장 큰 도움을 주었던 오쿠마 백작도 있었고 이후 시라세 남극 탐험선의 선장으로 참여한 노무라 나오키치도 있었다.

마침내 시라세가 말쑥한 군복 차림으로 연단에 올라 북극탐험의 동기부터 남극 탐험의 결의에 이르기까지 과정을 침착한 태도로 연설했고, "결코 저의 탐험은 호기심이나 즉흥적으로 이루어진 사업이 아닙니다"라고 호소했다. 청중들은 시라세의 뜻을 이해하고 큰 박수 갈채를 보냈다. 그날의 연설은 성공적이었고, 남극 탐험은 이후 일본의 국민적 사업이 되어갔다.

시라세의 남극 탐험을 위한 '남극 탐험 후원회'도 결성되었다. 그 후원회의 회장은 바로 오쿠마 백작이었다. 오쿠마 시게노부 백작은 일본의 최고 명문 사립 대학인 와세다 대학을 설립한 교육자로, 두 차례나 일본 총리를 역임하며 일본 근대화의 토대를 마련한 정치가이기도 했다. 훗날 탐험이 끝난 후에도 시라세는 오쿠마의 은혜는 평생 잊을 수 없다고 할 정도로 그는 큰 도움을 준 인물이었다. 도쿄의 아사히 신문도 남극 탐험대의 탐험 자금을 모금하는 광고를 시작했다. 그와 아울러 시라세는 후원회와 함께 교토, 오사카, 고베 등 일본 주요 도시에서 연설회를 진행했고, 이를 통해 많은 자금을 모을 수 있었다. 도쿄에 있는 한 잡지사는 단독으로 5천 엔(현재 가치로 약 6천만 원)을 모금했다. 시라세의 계획은 특히 학생들로부터 큰 호응을 받아 학생들이 자발적으로 코 묻은 돈을 헌금했다. 또한

사진 제공: 白瀬南極探檢隊記

그림 2-3   동물 털옷 입은 시라세 남극 탐험대가 일본 출발

전 찍은 사진으로 가운데 앉은 사람이 시라세.

군 장성들의 도움으로 러일전쟁 이후 남은 물자와 식량도 많이 얻을 수 있었다. 그러나 가장 중요한 것이 아직 없었다. 그것은 시라세 일행을 남극까지 무사히 데려다 줄 선박이었다. 시라세는 오로지 배 문제가 해결되지 않아 출발 예정일을 수십일 가량 늦춰야만 했다.

그는 처음에 군함을 빌릴 생각으로 여러 군함을 알아보았다. 그 중에는 과거 쿠릴 열도 탐험 시절 보았던 이와키호도 있었다. 그러나 해군에서는 이와키호를 빌려줄 수 있으나 현재 수리가 필요한 상태로 수리 비용으로 10만 엔이 필요하다고 했다. 시라세는 어이가 없었다. 10만 엔이 조금 안 되는 자금으로 탐험을 계획하는데 선박 수리비만 10만 엔이 든다는 것은 말도 안 되는 이야기였다. 시라세는 해군의 제안을 거절했다. 결국 오쿠마 백작의 도움으로 2만5천 엔(현재 가치로 약 3억 원)에 쿠릴 열도에서 사용하던 제2호코마루라는 어업지도선을 양도받을 수 있었다. 그 배는 원래 1903년 3월 군지 대위가 북방탐험을 위해 건조한, 마스트가 3개 달린 범선으로 길이 30미터배수량 199톤으로 몇 군데만 개조하면 남극의 얼음바다에서도 항해할 수 있을 것 같았다. 그러나 그 사이 또 다른 문제가 발생했다.

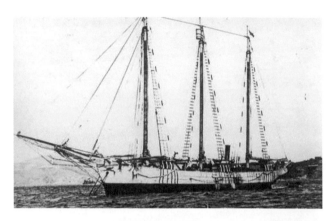

그림 2-4　　　시라세 탐험대가 사용했던 남극 탐험선 카이난마루. 이 배는 원래 북양 어업을 위해 1903년 3월 건조된, 마스트가 3개 달린 범선으로 길이 30미터, 폭 7.8미터, 배수량 199톤이었다. 이후에 남극 탐험을 위해 18마력짜리 증기기관과 선체를 보강해 204톤으로 개조되었다. (위) 1차 탐험시 카미난마루의 모습 (아래) 2차 탐험시 카미난마루의 모습

아사히 신문은 더 큰 탐험선을 구입하여 보다 충분한 준비 기간을 가진 뒤 내년에 출발하는 것이 낫다는 의견이었다. 그런데 시라세가 자신들의 의견과 다르게 신속하게 움직이자 마찰이 생겼고 그 동안 모금한 자금조차 전달하지 않으려고 했다. 다행히 이 문제는 오쿠마 백작이 아사히 신문 사장에게 편지를 보내 양해를 구했고 무사히 후원금 4만 8천 엔을 전달받아 해결할 수 있었다.

실제 시라세가 남극 탐험에 들인 경비는 약 12만 엔(현재 액수로 약 14억 원)으로 영국 스콧 탐험대의 경비 7만 5천 파운드(현재 액수로 약 97억 원), 노르웨이 아문센의 경비 2만 4천 파운드(현재 액수로 약 31억 원)에 비해 턱없이 작았다. 시라세 탐험 경비 총 12만 엔 중 모금액은 약 8만 엔으로 나머지 4만 엔은 시라세 개인의 빚으로 충당하여, 그는 귀국 후에도 사망할 때까지 빚에 시달려야 했다.

출발이 늦어져 시간이 흐르자 시라세에게 호의적이던 여론도 조금씩 바뀌기 시작했다. "남극 탐험대는 왜 출발하지 않는가? 시라세는 도대체 뭐하고 있는가?"라고 의문을 제기하는 사람들도 있었으며, 어떤 학자들은 "호기심으로 그런 일을 하다니 오히려 우습다. 학문적 가치는 전혀 없으며 200톤짜리 배로 남극을 간다니 실패할 게 뻔하다. 국가 사정이 복잡한 상황에서 이런 일에 쓸 돈이 있다면 다른 유익한 곳에 쓰는 게 어떨까? 그 편이 훨씬 국가를 위한 일이다"라고 비난했다. 그리고 아예 남극 탐험 자체를 논의할 가치가 없는 것이라고 비아냥거리는 이들도 있었다. 이런 비난은 당시 신문 풍자 만화에도 잘 나타나 있다.

시라세는 자신을 비난하는 이런 말을 들을 때면 '높은 산과 지나가는 구름'에 빗대어 위안으로 삼았다. "높은 산은 구름이 지나가든 말든 태연히 신경쓰지 않는다. 가끔 구름에 덮여 그 모습이 가려질 때도 있으나 오히려 그 덕분에 산의 자태가 더욱 돋보이게 된다." 그는 자신에게 필요한 따끔한 충고는 기꺼이 받아들였지만 그렇지 않은 것들은 애써 무시하려고 노력했다.

우여곡절 끝에 그 해 11월 20일, 배의 선체를 보강하고 18마력짜리 보조 증기기관을 달아 수리가 완료되었다. 완성된 배는 전보다 약간 커진 204톤으로 새로이 카이난마루*라고 이름을 붙였다. 그 뜻은 남쪽을 여는 배라는 의미로, 시라세의 의

* 카이난마루開南丸는 카이난호라는 뜻이지만, 카이난마루라는 명칭으로 많이 알려져 있으므로 원어에 충실하게 카이난마루로 호칭한다.

그림 2-5 　시라세 탐험대를 비꼬는 1910년 10월 일본 신문 삽화. 위의 그림은 시라세 탐험대가 탄 보트가 애써 노를 저어도 스콧의 보트를 따라 잡을 수 없을 것이라 표현하고 있다. 아래 그림은 시라세가 남극점에 도착했을 때는 스콧은 이미 그곳에 호텔을 지어 놓았을 것이라 풍자한 신문 삽화다.

지에 걸맞은 이름이었다. 탐험대원들은 모두 신문광고를 통해 모집된 지원자들로 시라세 외에 과학, 위생, 기록, 식량, 피복 및 요리 담당자와 썰매개를 관리할 사할린 원주민(아이누 인*) 2명 등 탐험대원 9명과 노무라 선장 등 18명의 선원을 합해 총 27명으로 구성되었다.

후에 시라세는 카이난마루와 탐험대를 다음과 같이 회고했다.

외국의 탐험대가 준비에 수십만 달러를 쓰고 있는 것을 볼 때 우리 탐험대는 형편없이 작은 규모였던 것 같다. 실제 이 점이 모든 사람들에게 우리 탐험을 회의적으로 보게 만든 것 같다. 지식인들은 우리 과학장비가 매우 열악하고, 참여 과학자들은 최고의 과학 연구를 하기에는 수준 미달이라고 생각했다. 상공인들은 소득 없이 끝날 것이 뻔한 일에 재정 지원한 것을 후회했다. 실제로 학생들을 제외한 다른 모든 사람들은 우리가 그런 소형 선박으로 뉴질랜드까지만 간다 해도 기적 같은 성과라고 생각했다. 실제 노무라 선장의 항해술이 없었다면 우리 배는 곧 바다 밑에 가라 앉았을 것이다. 그가 열악한 수준의 선박을 끌고 남빙양의 거친 폭풍과 파도를 헤치며 사고 없이 3만 해리**의 항해를 마친 것은 거의 기적이었다.

시라세도 언급했듯이, 일본이 남극 탐험을 성공리에 마칠 수 있었던 숨은 공신은 누구보다 카이난마루의 노련한 선장 노무라 나오키치였다. 노무라 선장은 1867년 이시카와 현 하쿠이 시에서 태어나 젊은 시절 선원으로 배를 타다가 1909년 나가사키 고등선원양성소에서 선장 시험에 합격해 면허를 받았다. 1910년 6월, 남극 탐험대 모집 공고를 신문에서 읽고 '급료는 바라지 않는다'고 하며 선장에 응모하고 자신도 남극 탐험에 사용될 배를 구하는데 힘썼다. 카이난마루는 당초 그가 예정했던 규모의 절반 이하의 작은 배였다. 노무라가 선장으로 특별히 주의를 기울였던 것은 '승무원의 건강 유지방법'이 었다. 그는 작은 목조 범선 카이난마루를 조종하여 일본에서 남극권에 이르는 남위 40도, 50도, 60도의 폭풍권과 남빙양을 모두 합쳐 2회 총 5만 4000킬로미터를 무사히 왕복하고 탐험대 전원을 안전하게 일본으로 데려오는 위업을 달성했다. 그

---

* 아이누 인은 홋카이도와 사할린 지역의 원주민으로, 키가 작고 몸에 털이 많다
** 해리(海里, nautical mile)는 항해와 항공에 쓰이는 거리 단위로, 1해리는 1852미터다.

그림 2-6 　 노무라 나오키치는 시라세 탐험대의 카이난마루
를 몰고 일본에서 남극까지 총 5만4천킬로미터를 무사히 항해
한 노련한 선장이었다. 사진 오른쪽이 노무라 선장.

는 후에 일본인 최초로 남극의 유빙 해역을 항해하고 남극에서 측지와 유빙지역 항해술에 관한 기록을 남겼다.

썰매개로는 추운 지역에 익숙하고 튼튼한 사할린 개를 데려가기로 하고 30마리를 카이난마루에 실었다. 마침내 모든 준비는 끝났다. 시라세는 당시의 준비 과정이 남극 탐험보다 훨씬 더 힘들었다고 회고할 정도로 고생이 심했다. 어린 시절부터 시작했고 수많은 사람들의 도움을 받아 결실을 맺게 된 그의 꿈은 이제 27명의 남극 탐험대를 이끌고 일본을 출발하면서 비로소 이루어졌다.

탐험대, 남극을 향해 출발

1910년 11월 29일 오후 12시 20분, 카이난마루는 환송객의 만세 소리를 뒤로 한 채 도쿄 만을 출발했다. 시라세는 출발 당시를 다음과 같이 회고했다.

그것은 역사상 가장 슬프고 우울한 극지 탐험대 환송식이었다. 비록 적은 수였지만 우리 탐험대의 순항과 성공을 기원하는 몇몇 학생들의 열렬한 환송을 받았다. 조국의 초라한 출발 장면은 우리의 결의를 약화시키기보다는 더욱 강하게 하는 생생한 기억으로 남았다. 확실한 것은 우리 장비가 애초에 바라던 만큼 완벽하게 갖춰지지 않았지만, 우리는 목적을 달성하기에는 충분하다고 느끼고 있었다. 그리고 대원들의 결의와 용기는 우리 탐험대가 가진 자산 중 가장 자신있게 내세울 수 있는 것이었다.

12월 9일 배는 북회귀선을 통과했다. 선실 내부의 온도가 섭씨 30도가 넘어가면서 모두가 고통스러워 했으며 배 안에 있는 음식물도 부패하여 악취가 진동했다. 남극 탐험을 위해 데려온 사할린 썰매개들은 더위를 이기지 못해 탈진으로 죽어갔다. 12월 29일 배는 적도를 통과했다. 더위는 여전히 타는 듯 했지만 중간 중간에 열대성 소나기인 스콜이 쏟아져 그나마 견딜 수 있었다. 종종 격심한 풍랑이 찾아왔지만 카이난마루는 남극의 얼음에 견딜 정도로 견고하게 개조되었기 때문에 선체에는 아무런 문제가 없었다.

배 안에서 탐험대는 1911년 새해를 맞이했다. 1월 12일 배가 남위 17도 부근에 진입하자 더위는 점점 사그라졌다. 그들은 2월 8일에 중간 경유지인 뉴질랜드의 웰링턴 항에 도착했다. 뉴질랜드에 도착하자 여러 신문기자들이 몰려와 사진을 찍고 인터뷰를 했다. 그리고 우체국에서 일본으로 무사히 뉴질랜드에 도착했다는 소식과 함께 송금을 요청하는 전보를 쳤다.

뉴질랜드의 웰링턴 항에는 당시 다른 나라의 선박이 방문한 적이 별로 없었기 때문에 이국에서 온 탐험대 시라세 일행은 큰 호기심의 대상이 되었다. 일행은 필요한 식료품과 물자를 구입했고 일본과의 연락도 취했다. 3일 후 고국에서 전보가 도착했다. 오쿠마 백작은 시라세 가족의 안부를 알리고 부탁받았던 2천 엔을 보냈다.

이 당시 영국의 식민지였던 뉴질랜드인들의 인식에 자리잡은 동양인에 대한 편견이 무시와 의심, 경외감과 한데 섞여 여러 일간지 기사에 잘 드러나 있다.

시라세가 이끄는 탐험대를 태운 카이난마루가 웰링턴에 도착했다. 선박의 상태나 탐험대의 장비를 보면 가히 비난받아 마땅한 것 같다. 이 소형 선박은 (스콧 탐험대의) 테라노바호의 삼분의 일도 되지 않으며, 도쿄를 출발하기 전 검사한 전문가에 따르면 험한 남빙양을 항해하는 데 적합하지 않다고 한다. 식량은 육상 탐험대 15~20명분으로 충분해 보이지만, 내용을 보면 테라노바호 탐험대의 다양하고 방대한 양과 비교할 때 매우 초라해 보인다. 십여 마리의 썰매개는 어니스트 새클턴 경이나 스콧 선장이 데리고 간 조랑말과 비교할 때 매우 열악한 운반수단으로 보인다. 일본 탐험대는 방한복으로 주로 동물 털가죽을 사용하고 있는 듯하나, 과거 탐험대의 경험상 그런 것들은 남극에 적합하지 않다고 한다. …… 중국총영사인 황에게 전화를 걸자 그가 어려운 상황에 도움이 되고자 나타났다. 중국인 영사가 영어로 말하자 모두 얼굴이 창백해졌다. 그는 대원 중 하나는 그가 쓰는 글자를 알아볼 것이라고 말하고 종이의 오른쪽에 세로로 이상한 문자(한자)를 쓰기 시작하자 한 가닥 희망의 빛이 비추기 시작했다. 그가 무엇을 원하는가라고 쓰자 '우리는 소를 사고 싶다'라는 황당한 답을 했다. 영사와 탐험대장 사이에 이상한 문자가 오고 가더니, 일본인들이 뉴질랜드 소고기에 대해 들은 바 있으며 고기와 통조림을 구매하고자 한다는 것이 분명해졌다. 또 다른 요구사항은 석탄과 1만5천 갤런의 식수와 생선이었다.

1911년 2월 9일자 《더 프레스》, 뉴질랜드 크라이스트처치.

시라세 중위가 이끄는 일본의 남극 탐험대가 뉴질랜드 해역에 도착한 것은 깜짝쇼였다. 탐험대가 11월 말 도쿄를 출발했다는 짧은 전문으로 미루어 남극으로 가기 전 마지막 기항지는 호주의 항구로 여겨졌었다. 그 지역의 사람들은 극동에서 온 대담한 탐험대원들에게 무사항해를 기원해 주었다. 시라세 중위는 용기 있고 강단 있는 군인으로 남극점에 일본의 국기를 꽂기 위해 몇 년간 준비해 온 사람이다. 그는 1893년 쿠릴 열도의 군지 대위 탐험대 중 유일한 생존자였다. …… 그가 어떤 이유로 남극점 도전에 성공을 자신하는지는 의문으로, 웰링턴에 있는 기자가 얻을 수 있는 정보로는 분명하게 알 수 없었다. 그가 일본을 출발했을 때 요코하마로부터 《뉴욕 헤럴드》에 보낸 전문에는 '외국 전문가에 따르면 탐험대 준비 상태가 지극히 부적절하기 때문에 탐사는 실패가 예정되어 있으며 잘못하면 큰 재앙이 될 것이다'라고 쓰여 있다. 섣부른 비난이기는 하지만, 시라세 중위가 인력으로 썰매를 끌게 하면 심각한 어려움에 직면할 것이다. 그는 말 대신 썰매 2대를 간신히 끌 정도인 개 12마리를 데리고 가는데, 썰매에 싣고 갈 수 있는 총 중량은 450킬로그램 이하일 것이다. 6명이 남극 기후 조건에서 왕복 2400킬로미터를 가는 동안 먹어야 하는 식량만해도 그 정도 이상이 되어야 할 것이고, 게다가 개 사료와 텐트, 피복, 장비 등 상당한 양의 짐을 추가로 갖고 가야만 한다. 더군다나 남극의 짧은 여름 기간 동안 극점에서 다시 해안으로 돌아와야 하기 때문에 신속한 행군이 뒤따라야 한다. 현재까지의 정보로 미루어 볼 때 탐사의 성공 가능성은 밝지 않아 보인다. 영국인들은 그들의 탐사를 동정어린 관심으로 주시할 것이며, 만약 그들이 성공이라도 한다면 부러워하게 될 것이다.

1911년 2월 9일자 《리틀턴 타임스》, 뉴질랜드 크라이스트처치.

…… 그렇지만 그들이 과연 금년에 월동용 오두막을 지을 장소에 도달할 수 있을지 의문이다. 이런 의문을 떠올린 사람이라면 누구나 문제가 있다는 것을 인정할 것이다. 탐험대가 에드워드7세 랜드나 맥머도 만에 도달하려면 적어도 4~5주가 걸릴 것이다. 만약 그들이 금주 금요일에 출발한다면 빨라야 3월 10일경 월동용 오두막 설치 지역에 도착할 것인데, 스콧 선장은 2월 19일 이전 맥머도 만에서 빠져 나오는 것이 현명하다고 보았다. 새클턴은 3월 4일 그곳을 출발했었는데 이미 맥머도 만에는 해빙이 형성되기 시작했었다. 당시 얼음이 급격히 두꺼워져 선박의 항로를 가로막아 버렸다. 그렇다면 시라세 탐험대가 어떻게 남극대륙까지 카이난마루를 끌고 가 탐험대와 장비, 보급품을 내릴 수 있겠는가? 일본 탐험대는 원래 극점까지 갈 예정이 아니거나 혹은 단순 탐사항해 아니면 물개잡이 탐사가 아닐까?

1911년 2월 10일자 《더 프레스》, 뉴질랜드 크라이스트처치.

매우 기이하고 흥미롭다. 많은 전문가들이 카이난마루 탐험대의 남극점 도달은 불가능하다고 판단했지만, 만약 그들이 지금 포기한다면 더욱 놀랄 것이다. 아시겠지만 나는 일본인을 열렬히 사랑하는 사람이 아니다. 나는 일본인을 너무 잘 알고 있기 때문에 그들을 인간적으로 싫어한다. 일본 쪽발이들은 남을 잘 속이고, 비속하고, 천박하고, 믿을 수 없는 저질이다. 일본이라는 국가는 더욱 싫다. 과거의 상징물을 부수고 5~20년 사이에 모든 생활양식을 고칠 수 있는 국가라면 무언가 심각하게 잘못된 점이 있다. 그러나 일본인들에게 존경할 만한 점도 있다는 것을 부정하기 힘들다. 그들은 당면한 목표를 향해 전적으로 또 맹목적으로 헌신한다. 그들은 용감하고 사냥개처럼 예리하다. 그들은 신념에 따라 살며 죽음을 두려워하지 않는다. 그들은 자신들이 원하는 것이 있으면 그것을 향해 곧장 나아간다. 그래서 그들은 지금 자신들이 결정한대로 남극을 향해 갈 테지만, 실패의 가능성도 그 의지만큼이나 크다. 그들에게 탐험이 불가능하다고 말해주는 것은 더욱 탐험을 부채질하게 될 것이다. 세계의 역사는 대개 할일 없는 이론가들이 불가능하다고 얘기하는 것을 성공시킨 사람들의 역사다. 일본인의 특성 중에는 극도의 겸손함이 있는데 그 핵심에는 놀랄만한 자신감이 들어있다. 이 탐험은 극점에 단순히 한 번 도전해보는 것이 아니라 실제 극점에 도달하려고 하는 것이다. 그들은 '우리는 9월 15일 겨울이 지나면 극점을 향해 155일 동안 얼음 위로 1400킬로미터의 행군을 할 것이다'라고 자신감에 넘쳐 발표했다. 탐험대는 하루 평균 10킬로미터씩 결의에 찬 진격을 할 것이다. 피어리처럼 엄청난 속도로 질주하겠다는 식의 과장은 없지만, 극점에 도달하겠다는 단호한 결의가 엿보인다. 그들의 계획에는 무언가 광적이며 놀라운 의도가 있다.

1911년 2월 11일자 《뉴질랜드 타임스》, 뉴질랜드 웰링턴.

카이난마루는 보급을 마치고 2월 11일 웰링턴 항을 떠나 남극으로 출항했다. 뉴질랜드 사람들의 환송을 받으며 출발한 후 평온한 항해가 지속되었다. 25일 밤에 그들은 가늘고 긴 선형의 이상한 구름을 발견했다. 그것은 남반구의 오로라 현상이었다. 26일에는 눈이 내리기 시작했고 28일부터는 빙산을 발견할 수 있었다. 그들은 점점 극지에 가까워지고 있었다.

3월 6일 그들은 드디어 남극대륙을 볼 수 있었다. 탐험대 전원은 그간 쌓인 피로도 잊고 흥분했다. 시라세도 희열에 가득 차 남극대륙을 바라보며 말하였다. "나는 지난 몇 년간 저 평원에 저 산에 영혼을 빼앗겼다. 힘든 세월을 실망과 고뇌로 보내고 때로는 절치부심했다. 그 또한 모두 이 대륙, 저 언덕에 오르기 위해서였다."

3월 9일 카이난마루는 로스 해의 서쪽 입구 부근에 있는 쿨먼 섬에 도달했으나, 이미 바다가 얼어붙고 있었다. 날씨는 점점 험악해지고 배로 해빙을 깨며 무작정 전진하기는 어려운 상황이었다. 더욱이 이 지역부터는 자남극점*으로 나침반이 심하게 편향되어 정확한 방향을 읽을 수 없다는 것을 알게 되었다. 3월 12일 30센티미터 두께의 해빙으로 더 이상 남쪽으로 전진하는 것이 불가능하게 되었다. 잘못하면 해빙에 갇혀 되돌아 갈 수 없는 지경에 이르게 될지도 몰랐다.

1 차 탐 험 , 눈 물 을 머 금 고 철 수

시라세는 회의를 열어 현 시점에서는 더 이상 항해가 어렵다는 결론을 내리고, 일단 상륙 지점을 찾아 얼음이 녹을 때까지 기다려보자고 제안하였다. 하지만 노무라 선장의 의견은 달랐

---

* 나침반이 가르치는 남극점, 즉 자남극점은 지리상의 남극점과 다르다. 1909년 새클턴 탐험대가 처음 자남극점에 도달했을 때 위치는 남위 72도 14분, 동경 155도 18분이었다. 현재는 남극대륙을 떠나 바다 위인 남위 64.5도 동경 138도에 위치하고 있으며, 매년 북서 방향으로 10~15킬로미터씩 이동하고 있다.

다. 카이난마루가 항해하며 지나간 길에는 얼음이 양쪽으로 갈라져 쌓여 있었다. 만일 그 얼음들이 다시 떠내려가 얼어버리면 바닷길을 막고 배는 해빙 속에 갇혀버리게 된다. 다른 극지 탐사선은 이런 경우를 대비하여 배가 해빙으로 사방에서 압력을 받을 경우 얼음 위로 밀려 올라가도록 설계되어 있지만, 카이난마루는 그렇게 설계되어 있지 않았다. 그들은 자칫하면 바다 한가운데 꼼짝없이 갇히거나 배가 압력으로 찌부러져 침몰할 수도 있었다. 노무라 선장은 일단 호주의 시드니로 회항하여 얼음이 녹는 시기를 기다렸다가 다시 올 것을 건의했다. 어차피 더 이상 전진할 가능성이 없었기에 어쩔 수 없이 탐험대는 뱃머리를 돌려 빠져나가기로 결정했다.

3월 15일 뱃머리를 북쪽으로 돌리며 눈 앞의 남극대륙을 보면서도 그 땅을 밟을 수 없었기에 그들은 비통해했다. 위대한 자연의 힘 앞에는 그들도 어찌할 도리가 없었다. 시라세는 비통해하는 대원들을 향해 말했다.

제군들이여, 무슨 일을 하든지 난관을 만난다. 그것은 피할 수 없다. 난관을 넘어서야 성공도 있다. 장애가 있어야 용기가 생긴다는 것을 알고 있다. 우리는 하늘을 원망하지 않고 오히려 조물주에 감사해야 한다. 우리에겐 아직 운명의 시간이 오지 않은 것이다. 남극 탐험은 전 세계인의 희망이며 쉽게 이루어 낼 수 없는 것이다. 실패는 할 수 있어도 실망은 해서는 안 된다. 처음부터 끝까지 꺾이지 않는 노력이야말로 성공의 근원이다. 우리의 첫 시도가 성공적이지 않았지만 결국 이 탐험의 작은 차질 중 하나일 뿐이며, 전체적인 탐험에는 큰 영향을 주지 않을 것이다.

카이난마루의 1차 탐험은 1911년 3월 12일에 로스 해 남위 74도 16분, 동경 172도 7분 지점까지 도달한 뒤 회항해야 했다. 남극에 너무 늦게 도착한 것이다. 만약 악천후와 결빙을 무시하고 해빙 속으로 항해를 계속했다면 그것이야말로 더 큰 실패를 부를 수 있었다. 시라세는 노무라 선장의 제안을 받아들여 결국 다음 시즌 탐험을 기약하며 시드니로 뱃길을 돌려야 했다.

남극대륙을 밟아보지도 못하고 돌아가자 탐험대의 분위기는 의기소침해졌다. 원래 저녁식사 후 다음날 아침식사까지는 아무것도 먹지 않는 것이 규칙이었으나, 시라세는 사기 진작을 위해 특별히 야식을 먹을 수 있도록 허용했다. 또한 선내에서 자체적으로 글을 쓴 잡지를 발간하기도 했다. 시라세는 지속적으로 우울함에 빠져 있는 대원들을 격려하며 1911년 5월 1일 시드니에 도착했다. 도착하는 날 저녁 호주에 사는 일본인 두 명이 시라세를 찾아왔다. 그들을 통해 그는 처음으로 노르웨이의 아문센 탐험대와 영국의 스콧 탐험대가 동시에 남극점을 향하고 있다는 소식을 들었다. 실제 그 시점에 아문센과 스콧은 남극대륙 해안가에 월동 오두막을 짓고 겨울을 지내며 남반구에 봄이 오면 남극점으로 탐험을 떠나려 준비하고 있었다.

시 드 니 로 돌 아 와

시라세 일행은 도착 초기에 시드니에서 현지의 반일 감정으로 스파이 활동을 하는 것으로 의심 받기도 했으나 현지 일본 영사의 도움으로 오해를 풀 수 있었다. 당시 호주 신문 기사를 보면 이런 분위기가 잘 나타나 있다.

시간이 흐를수록 시라세 중위가 조직했다는 소위 남극 탐험대를 둘러싼 미스터리가 확대되고 있다. 일본의 남극 탐험대가 다음 남극 하계기간에 남극점에 도전하겠다고 선언한지 일 년이 되어 간다. 몇 달 후에는 탐사가 취소되었다는 전보가 도착하기도 했다. 그리고 아무 소식이 없다가 갑자기 모두를 깜짝 놀라게 했다. 시라세와 그의 재미있는 친구들이 그 일이 여전히 진행하고 있음을 암시하며 뉴질랜드에 도착한 것이다. 아문센과 스콧을 누르고 남극점에 먼저 도달하겠다는 말과 함께 일본인 특유의 겸손한 어투로 만약 그들이 백인들을 꺾지 못한다면 빙원에 뼈를 묻겠다는 말을 덧붙였다.

사실 그들의 허풍과는 별개로 일본인과는 대화가 되지 않는다. 뉴질랜드 기자가 인터뷰를 시도하자 영어를 못한다고 고백했다. 그럼에도 탐험대원들은 시내 책방을 방문해 영어 신문을 구매했다. 그들은 남극점 탐사에는 절대 부족한, 단지 단기 유람에나 적합한 양의 식품을 구매하고는 뉴질랜드를 출항해 시간이 지나며 점점 증폭되는 미스터리 속으로 들어갔다. 몇 주가 흐른 후 탐험대는 다시 나타났다. 남극점에 도달하지는 못했지만, 그렇다고 그들의 뼈를 빙원에 남기지도 않았다. 썰매개 대부분은 죽었고 식량은 거의 먹어 치웠을 테지만, 만약에 남극으로 가지 않았다면 떠날 때와 크게 다르지 않을 것이다. 사람들은 탐험대의 진실에 의심을 품기 시작했으며, 시중 사람들은 일본의 비밀 정보부가 극점 도달에 대한 야심보다는 탐험대 파견에 관심이 있다는 결론에 도달했다. 사람들 몇몇은 탐험대의 시드니 도착과 지난 며칠 동안의 사건들로 이런 믿음이 강해졌다.

하지만 시라세 탐험대의 목적이 무엇이든 간에 스파이 목적은 아니라는 것을 사람들에게 확인 시켜야 한다. 일본과 같이 재빠르고 현명한 나라는 물론이고, 그 어떤 나라도 브라스 밴드를 데리고 스파이짓을 하지는 않는다. 스파이 탐사는 분명 극지탐험대처럼 행동하여 세계의 이목에서 벗어나려 할 것이다. 아마 해삼잡이나 물물거래상처럼 소박한 모습일 것이다. 분명히 호주인과 같이 감상적인 사람들에게 의심을 살만한 실수를 하지는 않을 것이다. 조용히, 은밀하게 그리고 만약 시드니 항구 어디에 캠프를 쳐야 한다면 항구의 중요 요새가 보이는 곳을 택하지 않을 것이다. 탐험대가 비밀 정보 요원들로 구성되어 있다는 의구심은 물론 어리석은 추측이지만, 남극 탐험대원들이라는 점도 분명 확인이 필요하다.

현재까지의 조사로는 의구심을 해소하기 보다 오히려 더욱 복잡해지고 있다. 오늘 아침 일본 소식통을 인용한 《헤럴드》에 따르면 시라세 중위는 향후 움직임에 대한 추가 명령을 받기 위해 일본으로 향하고 있다고 한다. 조사한 바에 따르면 시라세 중위가 도착한 이후 아직 일본으로 떠난 배가 없기 때문에 그는 여전히 이곳에 있다. 결과적으로 그 동안 서구에는 비밀에 부쳐져 있는 장거리 항공기를 탄 것이 아니라면 시라세 중위가 일본으로 가고 있을 가능성은 없는 것이다.

1911년 5월 15일자 《썬》, 호주 시드니.

시라세는 오쿠마 백작에게 1차 탐험의 경과를 전보로 보고했으며 탐험대원들에게 시드니 현지에서 각자 자유시간을 보내도록 허락했다. 오쿠마로부터 곧 답신이 도착했다. 후원회가 지속적으로 노력하여 새로운 자금 지원 안건이 의회를 통과하였으나 정부는 여전히 지원할 생각이 없으며, 자금을 모을 새로운 계획을 세우고 있다고 전했다. 시라세는 오쿠마와 후원회 일동이 자신을 위해 고국에서 변함없이 노력한다는 사실을 알고 매우 기뻤다. 5월 17일이 되자 노무라 선장과 사무장은 후원회에 사정을 보고하고 자금을 조달하기 위해 고국에 잠시 다녀오기로 결정했다. 시라세는 탐험대가 1차 탐험을 끝으로 여기서 중단한다면 그것은 두고두고 어리석은 웃음거리가 될 것이므로 탐험대가 계속 지원받을 수 있도록 후원회가 힘써달라는 편지를 보냈다. 그 후로 간절한 기다림이 계속되었다. 시라세는 당시를 이렇게 회상했다. "우리 자금은 이제 거의 소진되어 매일 식량이 모자랐다. 우리는 궁핍과 기아 상태에 도달해 거의 거지와 같은 생활을 해야 했다."

그림 2-7   시라세 탐험대는 1차 탐험에 실패한 후 1911년 5월부터 11월까지
6개월간 호주 시드니의 한 공터에 오두막과 텐트를 치고 매우 궁색한 생활을
하며 지내야 했다. 앉아 있는 사람 중 가장 왼쪽이 시라세.

시드니에서 탐험대는 호텔에 머무르지 않고 야영을 했다. 다행히도 호주에 체류중인 일본인 한 명이 자신의 소유지를 탐험대가 야영하도록 무상으로 빌려 주었다. 이곳에 건설한 오두막 숙소는 원래 남극대륙에 상륙했을 때 사용할 조립식 목조 건물이었다. 그들은 오두막과 텐트를 설치하고 야영 생활을 시작했다. 현지의 외국인들도 몰려와 신기하다는 듯 일본인의 오두막을 구경했다.

일본 영사는 시라세 탐험대가 검소한 생활을 하고 있다는 것을 잘 알고 있었다. 그러나 시라세 일행이 계속 그렇게 생활한다면 그들을 처음 보는 호주인들은 일본인을 비웃거나 깔볼지 모른다는 걱정을 했다. 그래서 시라세 일행에게 호텔에 머물 것을 권했다. 사실 영사의 말대로 탐험대가 수염을 덥수룩하게 기르고 낡은 옷을 입으며 일본에서 가져온 저장 식품만 먹는다면 사정을 모르는 사람들은 그들을 거지로 오해할 수도 있었다. 하지만 시라세는 고국의 후원회를 생각했다. 그래서 영사의 제안을 거절했다. "호주 사람들이 뭐라고 생각하든 간에 우리 목적은 남극대륙을 탐사하는데 있다. 지금은 안일함을 쫓을 때가 아니다. 화려한 옷을 입고는 탐험할 수 없다. 빙벽에 오르며 진수성찬을 기대할 것인가? 세상이 뭐라고 지껄여도 우리는 이렇게 생활한다"고 시라세는 일행을 독려하며 오두막 생활을 계속했다.

먹을 것이 시원치 않아도 탐험대는 나날이 원기왕성해져 갔다. 그들은 몸을 단련하기 위해 종종 산이나 들로 나갔고, 산에 올라 땔감을 채취해 오는 대원도 있었다. 그들은 매일 규칙적으로 일과에 따라 생활했다. 시간이 지나면서 그들에게 관심을 보이며 도움이 될만한 선물을 들고 오는 호주 사람들도 있었다. 특히 주말에는 방문자들이 많아 그들을 대접하느라 분주했다.

호주는 1960년대까지도 백호주의를 표방하며 아시아인을 멸시하고 조롱하곤 했다. 특히 19세기 중반 호주에서 금광 개발 붐이 불어 많은 중국인이 호주로 이주하면서 중국인에 대한 반감이 심해졌다. 시라세는 중국인으로 오해받아 상점에서 쇼핑할 때도 바가지를 쓰거나 질이 안 좋은 물건을 받게 되기 일쑤였다. 시드니는 생활 수준이 높은 곳이었기 때문에 면도와 이발, 패션 등에 민감한 곳이다. 시라세 일행은 이발소를 이용하기에는 자금이 부담되었기 때문에, 수염이 덥수룩해도 그런 모습이 잘 보이지 않는 밤에 주로 돌아다니곤 했다. 그들은 자신들이 마치 박쥐 같았다고 표현했다. 시라세는 후에 이국에서의 야영 생활이 실제 탐험보다 힘들었던 경우가 종종 있었다고 회고했다. 또한 당시 호주인들에게 반일 감정이 심했다고 회고하기도 했다.

현지의 어떤 신문은 〈일본 탐험대의 진상〉이라는 제목으로 그들을 비난하는 기사를 냈다. "이번에 입항한 일본 남극 탐험대는 가짜다. 그 배는 일개 포경선에 불과한데, 어떻게 그런 작은 배로 남극까지 갈 수 있겠는가? 그리고 대원이라는 자들은 사람이 아니다. 그들은 고릴라다. 그 증거로는 몸이 왜소하고 짧으며, 동작도 원숭이 그 자체다." 일부 호기심 많은 사람들은 '고릴라'를 구경하러 오기도 했다. 시라세 일행은 화를 내며 그들에게 항의하고 싶었지만 여기서 잘못 대처한다면 그들에게 진짜 '고릴라'가 될 수도 있었다. 시라세는 어이없고 분통이 터졌지만 남의 나라라 참을 수 밖에 없었다. 그러던 중 대반전이 일어났다.

호주의 시드니 대학에 엣지워스 데이비드라는 유명한 지질학 교수가 있었다. 그는 1907년 어니스트 섀클턴 남극 탐험대에 참가해 자남극점을 발견한 사람이었다. 그는 남극 탐험에 지대한 관심이 있어 카이난마루가 시드니에 처음 도착했을 때 시라세를 만나고자 했다. 그는 시라세 탐험대를 극찬하며 말했다. "일본 탐험대는 이런 작은 배로 남극까지 멀리 항해했을 뿐 아니라 첫 번째 탐험에서 모두들 항해를 주저하는 결빙기간도 두려워하지 않고 남위 74도 부근까지 나아갔다. 이는 실로 감탄할 만하다. 훌륭하다. 당당하다. 차기 탐험에는 더욱 훌륭한 성공을 거둘 것이다."

현지의 '고릴라'에 관한 신문 기사를 보고는 다음과 같이 시라세 탐험대를 옹호했다. "일본 탐험대는 고릴라가 아니다. 세계에 유례없는 용감한 탐험대다. 아시아에서 수천 킬로미터의 파도를 헤치고 온 것조차 이례적인데 이미 3월 12일에는 남위 74도 16분까지 돌진했다. 지금은 불행히도 결빙으로 되돌아왔지만 해빙기를 틈타 재기를 꾀하고 있다. 용감한 일본의 탐험가들을 치하하는 것, 그것이 일본 탐험대에 대한 우리들의 의무다." 그는 시라세를 조롱했던 신문을 맹렬히 비판하며 말했다. 그 후로 시라세 일행을 환영하기 위한 인파가 야영지로 몰려들었다. 데이비드 교수의 발언으로 포경선을 타고 온 고릴라에 불과했던 일행은 하루 아침에 용감한 세계적 탐험가가 되었다. 시라세는 이를 '파노라마식 변화'라고 회고했다. 야영지에는 그들을 보기 위해 수많은 귀부인과 젊은 여인들이 찾아오기도 했으며, 심지어 시라세는 어떤 여자로부터 청혼을

그림 2-8　　　시드니 항에서 카이난마루를 방문한 호주의 남
극 탐험가들. 앞줄 왼쪽부터 더글라스 모슨 경, 시라세 노부, 엣
지워스 데이비드 교수.

받기까지 할 정도로 인기가 있었다고 한다.

　시간이 흘러 일본으로 귀국했던 노무라 선장이 시드니로 돌아와 새로운 소식을 전했다. 오쿠마 백작과 후원회는 가능한 모든 방법을 동원하여 남극 탐험대를 지원할 자금을 마련했고, 그 결과는 시라세에게 상세히 전달되었다. 사실 시라세가 남극 땅을 밟아 보지도 못하고 시드니로 귀환하자 오쿠마는 2차 항해에 필요한 자금을 모집하기가 쉽지 않았다. 게다가 6개월간 호주에서 지내야 하는 대원들의 생활비도 문제였다. 이미 탐험대를 후원한 개인들에게 다시 후원을 해달라고 설득하기란 쉽지 않았다. 탐험 경비 후원을 위한 연극 공연이 이어졌고 여러 행사도 있었지만 절대 액수가 턱없이 모자랐다. 따라서 후원회는 일본 전역을 돌며 후원금 모집에 나섰고 도쿄에서 대규모 회의도 개최되었다. 많은 신문사들이 별도로 '남극 탐험지원 연합회'를 만들어 적극적인 후원을 아끼지 않았다. 이 모든 활동은 오쿠마 백작이 이끄는 남극 탐험 후원회의 헌신적 노력의 결과였다. 시라세는 이런 성원에 깊은 감명을 받고 다음과 같이 말했다. "나는 국민들의 열렬한 후원만큼 내 책임을 태산보다 무겁게 느끼며, 굳은 각오로 끝까지 국민들의 후원에 보답하지 않으면 안 된다."

시드니에서 7개월을 지내면서 대원들의 마음속에는 항상 남극대륙을 다시 밟겠다는 각오로 가득 찼다. 그들의 정신적 후원자였던 데이비드 교수도 그들을 격려해 주었다. 노르웨이와 영국의 남극점을 향한 레이스에 일본도 동참하고 싶었지만, 시라세 탐험대가 시드니에서 2차 탐험을 출발할 무렵에 영국과 노르웨이 탐험대는 이미 남극에 설치한 오두막에서 극점으로 출발할 준비를 마친 상태였다. 시라세는 극점 최초 정복을 목표로 하기에는 노르웨이의 아문센이나 영국의 스콧에 비해 너무 늦었다는 것을 알고 있었으므로 어쩔 수 없이 탐험대의 목표를 수정하여 극점 정복보다는 과학탐사에 역점을 두기로 결정했다.

일본으로부터 많은 양의 식품, 새로운 개량피복, 과학장비와 29마리의 사할린 개가 시드니에 도착해 카이난마루로 옮겨졌다. 마침내 남극 도전을 위한 2차 시라세 탐험대의 모든 준비가 완료되었다. 1911년 11월 19일, 그 동안 만났던 수많은 사람들의 환송을 뒤로 한 채 카이난마루는 마침내 시드니 항을 출발했다.

남극 2차 탐험

카이난마루는 시드니를 떠나 1911년 12월 21일 다시 남위 66도 33분 남극권으로 진입했다. 시라세는 대륙에 상륙한 후 실시할 자세한 탐험 계획을 세웠다. 일단 탐험대를 두 개 조로 나누어 첫 번째 조는 '돌격대'로 상륙하여 가능한 남극대륙 최남단까지 전진하여 그곳에서 과학조사 및 미답지를 발견하는 임무를 맡았고, 두 번째 조는 '연안대'로 배를 타고 해안을 따라 동쪽으로 탐험한 뒤 1912년 2월 26일까지 상륙지점으로 돌아와 다시 만나기로 하였다.

해빙기인데도 남쪽으로 갈수록 바다 위는 수많은 얼음덩어리로 뒤덮여 갔다. 엄청나게 큰 얼음덩어리와 충돌하게 되면 배가 격렬하게 흔들리면서 뒤로 밀려났다. 카이난마루는 얇은 해빙이 있는 곳만을 찾아 이리저리 구불구불 항해했다. 하지만 대륙에서 떨어져 떠내려오는 수많은 빙산과 맞닥뜨리면서 그들은 힘겨운 항해를 해야만 했다. 탐험대는 다시 한 번 회의를 열었다. 시라세 대장, 다케다 데루타로 학술부장, 노무라 선장은 항로를 이대로 계속 남쪽으로 갈 것인지 아니면 빙산을 피해 항로를 수정할 것인지를 고민하다가 일단 남쪽으로 어느 정도 항해하기로 잠정 결론을 내렸다.

그림 2-9   시라세 2차 남극 탐험대 대원. 서있는 사람 앞열

중앙이 노무라 선장, 노무라 뒤 오른쪽 세 번째 사람이 시라세.

우여곡절 끝에 1912년 1월 3일 그들은 다시 로스 해 입구에 도달해 아데어 곶을 볼 수 있었다. 탐험대원들의 가슴 속은 대륙을 처음 발견했을 때처럼 희열로 가득 찼다. 아데어 곶은 노르웨이의 보치그레빙크가 1895년 1월 최초로 상륙한 지점이기도 하다.

그 후 배는 서북쪽으로 흐르는 해류를 피해 동북으로 뱃머리를 돌리고 해안을 떠나 쿨먼 섬을 수평선 사이로 보며 전진하다가 하루는 얼음 위에 바다표범이 누워있는 것을 발견하였다. 선원 시바타와 아이누 인인 야마베와 하나모리는 곧장 보트를 내리고 150킬로그램 정도로 보이는 커다란 바다표범을 총으로 쏘아 잡았다. 바다표범 외에도 펭귄 세 마리를 생포했다. 첫 수렵을 축하하기 위해 시라세 대장이 브랜디를 내놓아 일동은 축배를 마시며 흥겹게 밤을 지새웠다. 다음 날 아침 시라세 대장은 요시노 임시 주방장과 함께 주방에서 직접 바다표범과 펭귄 요리를 만들었다. 전날은 바다표범을 일본식 전골인 스키야키로 만들어 먹었지만 역한 냄새로 한 입도 먹지 못했기 때문에, 이날은 먼저 해수로 두 번 정도 깔끔하게 삶았다. 먹어보니 소고기 비슷한 맛으로 냄새도 나지 않고 맛있었다. 다음은 펭귄 요리였는데, 이 또한 이상한 냄새가 나기 때문에 된장을 넣고 삶았더니 맛있게 먹을 수 있었다.

마침내 1912년 1월 10일 카이난마루는 로스 빙붕에 도착했다. 빙붕의 얼음절벽에 햇빛이 반사되어 실로 장엄하고 웅대한 광경이었다. 배는 동쪽으로 항해했는데 11일에는 남위 78도 17분까지 전진하여, 얼음절벽에서 5킬로미터 가까이까지 다가갔다. 그로부터 방향을 북동쪽으로 바꿔 상륙지점인 고래만으로 가까이 가자, 만의 전면에 크고 작은 무수한 얼음덩어리가 밀집해 있어 배는 또다시 얼음에 둘러싸이고 말았다. 카이난마루의 약한 동력으로는 이를 뚫고 전진할 수가 없었다. 대원들은 9일 이후로 밤낮으로 쉬지 않고 상륙 준비를 해왔는데 목적지에 다 와 또다시 얼음에 갇히게 되자 매우 낙담했다.

아이누 인이 범고래 떼를 발견하고, "범고래 신이 수호하고 계신 이상 앞으로는 반드시 좋아질 것이다"라며 수 차례 바다에 절한 덕분일까, 잠시 얼음 덩어리에서 벗어날 수 있었지만 재차 커다란 빙산에 겹겹이 포위되었다. 새하얀 얼음 바다는 끝이 보이지 않았다. 지그재그로 항해하려 해도 어디로 가야 할지 도무지 방향이 잡히지 않아, 노련한 노무라 선장도 매우 어려운 상황에 빠졌다 .이때 시라세 대장은 노무라 선장과

협의한 끝에 다음과 같이 결정했다. "아무튼 오른쪽으로 항해하며 가급적 목표한 상륙지점과 가까운 위치까지 다가간 뒤 그 이상 진행하는 것이 불가능할 때에는 그곳에 보트를 내리고 접근하여 얼음절벽 위로 올라가 목숨을 걸고서라도 상륙하자."

결국 배는 상륙지점인 고래만에 가능한 가까이 다가가기로 하고 얼음 속에서 한 줄기 틈을 찾아 앞으로 나아갔다. 1월 16일, 카이난마루는 빙붕의 얼음절벽을 따라 증기기관과 바람을 모두 이용해 전진하였고, 다음날 오전 7시 반에 상륙할 작은 만을 발견하여 배를 멈추고 정찰하기로 했다. 바로 이날은 5명으로 구성된 스콧 탐험대가 마침내 남극점에 도달한 날이었다. 아문센은 이미 그 전 해 12월 14일 남극점을 다녀간 바 있었다.

시라세 대장은 다케다 부장을 비롯한 4명의 대원들에게 그 만을 조사하도록 했다. 일행은 보트를 타고 만의 해안으로 접

그림 2-10　우리나라의 쇄빙연구선 아라온호가 로스 빙붕의 얼음절벽 앞에 서있다. 1841년 로스 선장이 발견해 '거대한 얼음 장벽 '이라 불렀으나 후에 로스 빙붕으로 바뀌었다. 로스 빙붕은 그 면적이 48만7천 제곱킬로미터로 한반도 면적의 2.2배에 달하며, 폭이 800킬로미터, 해수면으로부터 높이가 15~50미터에 달한다. 빙붕의 두께는 최대 750미터에 달하며 바다에 떠있다.

근했다. 대장은 선상에서 일행의 소식을 기다리고 있었고 40분 정도 뒤 얼음절벽에 붉은 깃발이 휘날린다 싶더니 8개의 손이 높이 올라왔다. 동시에 만세 소리가 희미하게 들렸다. 그 후로 한 시간이 지나자 4명의 정찰대가 귀환하였고, 다케다 부장은 당시 상황을 대장에게 상세히 보고했다. "상륙하기에는 적합하나 큰 빙하 끝이기 때문에 전진하기가 불가능하다. 하나모리 대원은 발을 헛디뎌 3미터 정도 갈라진 곳으로 떨어졌다가, 다행히 츠치야 일등항해사의 도움으로 무사했지만, 어쨌든 위험하다. 그래서 우리들은 상륙을 단념하고 대장의 명함을 얼음에 묻고 귀환했다." 시라세 대장은 이 보고를 듣고 추가 협의를 통해, 극점돌격대는 이곳을 떠나 원래 계획대로 고래만으로 상륙하고, 연안대는 배로 에드워드7세 랜드 탐험에 나서기로 결정하고 서쪽으로 돌아가기 시작했다.

그 지점을 떠나기 전에 시라세 정찰대가 답사한 한 이곳 빙하를 '4인빙하四人水河'라고 명명하고, 배가 정박한 만을 '카이난 만'이라 이름을 붙였다. 카이난 만의 위치는 남위 78도 15분, 서경 162도 50분이었다. 이후 미국의 버드 제독은 카이난 만으로 표시했으나 2차 세계대전 후 샌프란시스코 강화조약으로 일본이 남극에 대한 모든 권리를 포기하면서 그 이름도 사라

사진 제공: 『野村直吉船長航海記』
野村直吉船長航海記出版委員會, 成山堂書店

그림 2-11   노무라 선장이 그린 수채화로, 카이난 만에 정박한 카이난마루. 1912년 1월 16일 오전 11시경 로스 빙붕의 작은 만에서 연안대 4명이 빙붕 위로 오르는데 성공했다. 이 만은 나중에 '카이난 만'으로 명명되었으며 빙하는 '4인 빙하'로 명명되었다.

사진 제공: 「野村直吉船長航海記」
野村直吉船長航海記出版委員

그림 2-12 　카이난마루는 고래만에 도착하여 아문센 일행을 기다리던 프람호를 만났다. 노무라 선장이 그린 수채화로, 그림 왼쪽에 카이난마루, 오른쪽에 프람호가 해빙에 정박해 있다. 시라세 탐험대는 카이난마루를 떠나 점선을 따라 걸어서 로스 빙붕 얼음절벽에 접근했다.

그림 2-13　　　　고래만에 정박한 카이난마루에서 해빙 위로 물자를 내리는
시라세 탐험대.

졌다. 1955년에는 이곳에 미국 해군기지인 '제5리틀 아메리카'
가 들어서기도 했다.

　카이난마루가 서쪽으로 빙벽을 따라 항해하여 고래만에 다
가갈 때 낯선 배를 만나게 되었다. 처음에는 해적선이 아닐까
의심했지만 가까이 접근해 깃발을 보니 노르웨이 남극 탐험대
의 프람호라는 것을 알게 되었다. 프람호는 이미 1911년 1월
탐험대를 상륙시킨 후 아르헨티나의 부에노스아이레스로 돌
아가 수리를 마치고 기다렸다가 다시 남극으로 돌아와, 카이
난마루가 도착하기 일주일 전부터 극점에서 돌아올 아문센 탐
험대 일행을 기다리고 있던 중이었다.

　카이난마루는 프람호와 만난 뒤 곧장 고래만으로 들어가려
했지만 얼음이 얼어 들어갈 수 없어 만 입구의 동쪽 모퉁이에
일단 정박했다. 프람호는 그곳에서 서쪽으로 2킬로미터 정도
떨어진 곳에 정박하고 있었다. 만 안쪽은 광활하고 빙판 위에
는 펭귄이 여기저기 흩어져 있었으며 갈매기와 도둑갈매기가
날아다니고 있었다. 때때로 잔물결을 가르며 돌고래의 물기둥
이 솟아올랐다. 이 만의 이름이 고래만인 것은 수많은 돌고래
가 서식하고 있어 새클턴이 1908년에 발견한 뒤 명명한 것이

그림 2-14   로스 빙붕의 얼음절벽 위로 물자와 장비를 운반하는 시라세 탐험대.

사진 제공: 「野村直吉船長航
野村直吉船長航記出版委

그림 2-15   노무라 선장이 그린 수채화로, 시라세 탐험대는
그림 아래쪽 상륙지점을 통해 얼음절벽에 올라 로스 빙붕 끝에
서 약 3킬로미터 안쪽에 남극점 돌격대의 베이스 캠프를 설치
했다. 해빙이 없는 것으로 미루어 이 그림은 탐험을 마치고 돌
아와 철수할 때 그린 것으로 추정된다.

다. 원래 로스 빙붕의 일부가 떨어져나가 만이 형성된 곳으로 매년 위치가 조금씩 바뀐다.

로스 빙붕 위에 캠프 설치

1월 17일 배가 고래만 입구에 정박하면서 시라세는 대원 전원에게 육상 조사를 준비하게 했다. 빙붕 위로 오르는 것은 매우 어렵고 위험한 작업이다. 시라세는 후에 당시를 이렇게 회고했다.

고래만 지역에는 수 킬로미터에 걸쳐 높이 100미터 에 달하는 얼음 절벽이 가로막고 있었다. 빙붕 위로 상륙하는 유일한 길은 그 얼음 절벽을 기어 올라 넘는 것이었다. 이것은 실로 로스, 새클턴, 스콧, 아문센도 넘기 불가능했던 일대의 위업이었다. 아문센이 상륙했던 곳의 얼음 절벽은 고작 12미터에 불과 했으며, 그나마 그 곳에 오르기 위해 한 달을 기다려야 했다. 우리도 넘을 수 없는 빙벽을 오를 것인가 아니면 그대로 죽을 것인가를 결정해야 했다. 우리는 거의 수직인 빙벽에 지그재그 형태로 얼음 길을 파냈다. 모든 대원이 혼신의 힘을 다해 결국 60시간 만에 첫 대원이 빙벽 위에 오를 수 있었다. 우리 작업을 멀리서 지켜 보던 프람호 승무원들은 처음엔 우리를 비웃다가 성공하자 진심 어린 찬사를 보내왔다.

빙붕 위로 오른 후 1500미터 가량 남진했다가 다시 빙붕 끝으로 돌아와 배에서 극점돌격대가 사용할 크고 작은 40개의 짐들을 보트로 내렸다. 이 짐에는 텐트뿐 아니라 관측용 장비, 피복, 식량도 포함되어 있었다. 오랜만에 얼음 위로 나온 개들은 사할린 고향으로 돌아온 듯 좋아하며 이리저리 뛰어다녔다.

내려진 짐은 얼음절벽 위로 끌어올려야 했다. 시라세 대장은 두 팀을 지휘하며 빙붕 위로 짐을 옮길 수 있는 루트를 만들기 시작했다. 매달려 있는 얼음 조각들은 털어내고, 얼음의 틈은 눈으로 메우고, 삽으로 절벽을 깎고, 썰매로 다리를 만들어 오후가 되어서야 마침내 루트가 완성되었다.

그 사이 노무라 선장은 프람호 선장 닐센을 만나러 갔다. 그는 프람호가, 북극탐험으로 유명한 프리초프 난센이 사용했던 배로 건조비만 19만엔(현재 가치로 약 29억 원), 총 톤수 402톤의 어마어마한 극지용 배라는 사실을 듣고 무척 놀랐다. 그 후 답례로 프람호의 선장이 카이난마루를 방문했다. 그들은 그들대로 깜짝 놀랐다. "우리라면 이런 조그만 배로는 여기는커녕 그 중간까지도 못 왔을 것이다!" 그만큼 시라세 탐험대의 항해술은 뛰어났다고 할 수 있다. 이 둘의 만남은 아문센 탐험대의 기록에도 남아 있다.

이틀에 걸쳐 짐을 옮기고 기지를 구축한 탐험대는 이제 계획했던 대로 두 개의 조로 나눠 따로 행동하기로 했다. 돌격대는 내륙을 탐험하고, 연안대는 카이난마루로 연안을 따라 바다를 측량하고 탐험한 후 예정된 날짜에 돌아오기로 했다. 그들은 서로의 성공을 기원하며 작별 인사를 했다.

돌격대는 시라세의 지휘 아래 빙붕 끝에서 3킬로미터 떨어진 안전한 곳에 눈구덩이를 파고 시드니에서 사용했던 텐트를 설치했다. 그 다음날인 1912년 1월 20일, 시라세의 돌격대가 드디어 첫 과학 탐험을 시작했다. 두 명의 대원은 텐트에 남아 기상 관측을 했다. 시라세를 포함한 다섯 명은 두 대의 썰매에 나누어 탔다. 각 썰매는 사할린에서 데려온 썰매개 15마리가 끄는 것이었다. 일행은 방한 도구와 측량 도구를 갖추고 약 20일분의 식량을 챙겼다. 두 대의 썰매가 드디어 출발했다.

썰매는 끝없는 설원을 남서쪽으로 달리고 달렸다. 설원 위

그림 2-16   시라세 탐험대의 돌격대가 로스 빙붕 위에 설치
한 베이스 캠프를 떠날 준비를 하고 있다.

에서 텐트를 치고 하룻밤을 보낸 뒤 다음날 오전 다시 출발했다. 점차 설원은 젖은 눈으로 진창이 되면서 전진하기 힘들어졌고, 설상가상으로 날씨가 험악해지고 있었다. 급격한 날씨 변화는 남극의 특징 중 하나다. 이윽고 맹렬한 눈보라가 몰아치기 시작했고, 더 이상 전진할 수 없었던 일행은 다시 텐트를 치고 머물렀다. 다음날은 날씨가 좋아졌지만, 바닥이 심하게 질척거려 썰매가 움직이기 힘들었다. 모든 대원들이 썰매를 직접 밀어 움직일 수 밖에 없었다. 그들은 썰매 무게를 줄이기 위해 일부 식량을 눈 속에 저장해 놓고 저장한 곳에는 깃발을 세워 표시해 놓았다. 일부 식량을 내려 가벼워진 썰매는 다시 빠르게 달릴 수 있었다. 그날 밤 그들은 다시 거대한 얼음 절벽을 만나 썰매를 멈추고 휴식을 취했다.

남극의 여름은 해가 지지 않기에 밤에도 어두워지지 않는 백야 현상이 발생한다. 시간상의 밤이 지나고 23일 아침이 되었다. 다음날은 햇빛이 쨍쨍 내리쬐고 있었다. 자외선이 극지에 쌓인 눈에 반사되어 앞을 보기가 힘들 정도였다. 시라세도 이런 강한 자외선 반사로 잠시 눈에 손상을 입은 적이 있다. 그들은 앞을 잘 볼 수가 없었기 때문에 마치 눈이 보이지 않는 사람들처럼 땅을 밟아 그 느낌으로 지형의 높낮이를 알아야 했다. 의복 또한 문제였다. 달리는 동안에는 문제가 없었지만 썰매를 잠시라도 멈추면 곧 엄청난 추위가 닥쳤다. 햇빛마저 내려 쬐지 않는다면 그 추위는 뼛속까지 파고드는 듯할 것이다. 그날 오후 다시 눈보라가 치기 시작했다. 부대장은 맨 앞에서 나침반을 들고 나아갔다. 이곳은 지표로 삼을 만한 곳이 아무것도 없는 설원이라 오직 나침반에 의지할 수 밖에 없다. 그래서 그들은 나침반이 고장나지 않도록 끊임없이 손을 보았다.

다음 날은 엄청나게 큰 얼음 언덕을 만났다. 썰매는 언덕을 넘어가는 동안 몇 번이나 전복되었고 나침반도 자주 고장이 났다. 그 날은 눈보라를 만나지 않았지만 언덕을 넘느라 매우 고생 했다. 그 다음 날 25일은 전진하는 도중 눈보라를 다시 만났다. 이번에도 사고가 생겼다. 두 대의 썰매 중 뒤에 따라오던 썰매가 눈보라 속에서 연락이 끊겼다. 시라세가 모는 앞서 나가던 썰매가 달리는 사이, 뒤에서 따라오던 썰매가 종적을 감췄고, 시라세가 이를 알아차렸을 때는 이미 날씨가 바뀌어 기온이 점점 떨어지고 있었다.

시라세는 일단 대나무 막대 몇 개를 눈 위에 세우고 그 위에 간이 천막을 쳐 바람막이를 만들어 눈보라를 피하면서 기다리기로 했다. 그들은 위기에 처했다. 후발대 썰매가 모든 식량을 갖고 있었기에 그들을 만나지 못한다면 굶어 죽게 될 것이었다. 그들은 힘껏 소리를 지르며 인근을 돌아다녔으나 바람이 반대방향으로 불어 잘 들리지 않았다. 그러기를 40여 분, 시라세도 절망에 빠져 있는데 어디선가 희미하게 그들을 부르는 목소리가 들렸다. 시라세 쪽에서도 미친 듯이 소리를 질러가며 그들을 인도했다. 두 썰매의 일행은 마치 죽었던 친구를 재회하듯 기뻐했다. 그들은 이날 죽을 고비를 한 번 넘긴 것이었다.

26일 식량을 점검하니 식량이 많지 않았다. 그래서 탐험대는 논의 끝에 이틀 안에 최대한 남쪽으로 갔다가 빠르게 돌아오기로 했다. 그들은 26일 한밤중까지 전진하고 27일 낮에 휴식을 취한 뒤, 오후에 다시 출발했다. 그들은 최대한 갈 수 있는 곳까지 가기 위해 쉬지 않고 강행군을 했다. 1912년 1월 28일 자정에서야 그들은 썰매를 멈추고 더 이상 나아가지 못하고 썰매 방향을 돌렸다. 이 지점은 남위 80도 5분, 서경 156도 37분으로 기록되었다.

그들은 식량 부족 때문에 결국 거기서 중단할 수밖에 없었다. 연안이었다면 물개나 펭귄을 잡아서 식량을 대신할 수 있겠으나 남극대륙 내부에서 식량 부족은 곧 죽음이다. 남극대륙 내부는 생물의 흔적을 찾을 수 없는 황량한 빙원뿐이기 때

사진 제공: 白瀬南極探検隊記念

그림 2-17   1912년 1월 28일 돌격대는 남위 80도 5분, 서경
156도 37분 지점에 도달했으나, 식량 부족으로 귀환해야 했다.
시라세 탐험대는 그곳을 야마토 설원이라 명명했다. 왼쪽부터
의료담당 미이쇼, 돌격대장 시라세, 학술부장 다케다.

문이다.

시라세는 원래 일본을 출발할 때 이번 원정에서 남극점 도달을 위해 죽음을 각오했으나, 본인에게는 죽음보다 더 중요한 사명이 있다는 것을 느꼈다. 자신이 돌아오지 못하고 죽는다면 자신을 후원해준 국민들에게 더 큰 실망을 안겨줄 뿐이라고 생각했다. 따라서 목표를 보다 현실적으로 수정하여 과학 탐사에 역점을 두었다. 일행은 돌아가기 전에 일본 국기를 꺼내 그곳에 꽂은 후 모든 탐험대원과 후원자들의 이름을 적은 명패를 그 아래에 묻었다. 그리고 일본 쪽 하늘을 향해 절을 하고 이곳을 야마토 설원이라 명명한 후 그 땅을 일본령으로 선언했다. 실제 그곳은 일본의 홋카이도 정도 크기의, 대륙과 연결된 거대한 얼음 덩어리였다. 시라세는 그곳을 떠나며 다음과 같은 말을 남겼다. "아아, 야마토 설원이여, 지금부터 지구에 존속하는 한 영원히 우리의 영토로 번영하라. 지금은 아무도 살지 않는 이 남극대륙도 수천 년 뒤에는 반드시 밥 짓는 연기가 나고 사람들이 왕래하는 거리가 될 것이다. 부디 오래도록 번영하라!" 그러나 이와 같은 시라세의 바람도 2차 세계대전 패망 후 일본이 남극에 대한 모든 권리를 포기하면서 물거품이 되고 말았다.

사진 제공: 白瀨南極探檢隊記念

그림 2-18   돌격대가 썰매개를 앞세워 베이스 캠프로 귀환

준비를 하고 있다.

그림 2-19　　1912년 1월 31일 돌격대 사진. 왼쪽부터 학술부장 다케다, 야마베, 시라세, 하나모리. 야마베와 하나모리는 사할린 출신 아이누 인으로 썰매개를 다루는 임무를 맡았다.

그들은 잠시 길을 잃기도 했지만 2월 1일 처음 출발했던 텐트 야영지로 무사히 돌아올 수 있었다. 기상 관측을 위해 잔류했던 대원 두 사람이 뛰어나와 그들을 맞았다. 그들은 야영지 앞에서 기념사진을 촬영했다. 기록에 의하면 시라세 탐험대의 전진 속도는 놀라울 정도로 빠른 편이었다. 시라세는 내륙으로 총 276킬로미터를 들어갔고, 일 평균 30킬로미터의 속도로 전진했다. 아문센의 탐험대는 시라세 탐험대보다 튼튼한 그린란드 산 썰매개들을 데려가 전진 속도가 일 평균 45킬로미터에 달했다. 그러나 귀환 속도는 시라세 탐험대가 오히려 더 빨라 일 평균 67킬로미터였고, 29일에는 무려 하루에 95킬로미터를 달렸다.

야영지로 귀환한 다음 날, 그들은 모두 식탁에 둘러앉아 만찬을 즐기며 향후 방침을 결정했다. 날씨가 좋아진다면 아문센 탐험대의 오두막을 방문하여 인근 지역을 탐험하고, 카이난마루가 돌아온다면 최대한 빨리 승선하여 예정대로 돌아간다는 것이었다.

에 드 워 드 7 세 랜 드 탐 험
한편 빙붕에 7명을 상륙시키고 에드워드7세 랜드를 탐험하기 위해 떠났던 카이난마루 연안대의 탐험은 매우 성공적이었다. 원래 에드워드7세 랜드는 1902년 영국의 스콧 1차 탐험대가 발견하여 이름 붙인 곳이지만 시라세의 연안대가 상륙하기 전까지는 누구도 상륙한 적이 없었다. 연안대는 1월 19일 오후 고래만을 떠나 얼음 절벽을 2~5킬로미터 오른편에 두고 360킬로미터를 항해한 끝에 에드워드7세 랜드에 무사히 도착했다. 1월 23일 비스코 만(남위 75도 56분, 서경 155도 55분)에 정박하여 전면에 알렉산드라 산맥의 웅장한 모습을 볼 수 있었다. 정박지의 수심은 255미터로 해저면은 세립질의 진흙으로 구성되어 있었다.

알렉산드라 산맥은 뿌리는 하나지만 위로는 3개의 산으로 나뉘어 있다. 배에서 가까운 서쪽 봉우리를 탐사하기 위해 각각 5명과 3명으로 구성된 2개의 탐사팀을 구성했다. 탐사팀은 배에서 내려 해빙 위로 약 10킬로미터를 걸어 빙붕 가장자리 얼음절벽까지 가는 동안 황제펭귄을 처음으로 보았다. 그들은 키 1.4미터의 아름다운 대형 펭귄을 보고 매우 놀랐으며 박제를 위해 황제펭귄 6마리를 잡았다.

도착한 얼음절벽은 수직으로 60미터가 솟아 장관이었다. 그 중에서 낮고 경사진 지점을 골라 빙붕에 올랐고, 14시간을

사진 제공: 「野村直吉船長航海
野村直吉船長航海記出版委員

그림 2-20　　　시라세의 극점 돌격대를 내려준 후 카이난마루
는 동쪽으로 계속 항해해 1월 23일 에드워드 7세 랜드에 도착
했다. 노무라 선장이 그린 수채화로 그림 왼쪽으로 솟아 오르
는 태양 아래 알렉산드라 산맥의 일부가 보인다.

걸어 1월 24일 알렉산드라 산맥의 서쪽 봉우리 기슭에 도착했다. 그곳에 탐사팀의 이름이 적힌 나무 말뚝을 세우고 산을 올랐다. 3개의 봉우리 중 가장 크고 높은 가운데 봉우리는 485미터에 달하며 남남서 방향으로 10킬로미터 이상 이어져 있으며 그 이후로는 광활한 설원이 펼쳐져 있다.

연안대는 내륙으로 총 30시간에 걸쳐 약 60킬로미터를 탐험하고 돌아왔다. 대원들은 육지라고 추측되던 설원이 파도 치듯 일정하게 굴곡진 것을 보고 이것은 에드워드7세 랜드가 남극대륙의 일부가 아니라 섬이라는 증거로 생각했다. 그러나 실제 그 지역은 서남극 메리버드 랜드의 북서쪽 끝에 위치한 빙하로 덮인 반도로 대륙의 일부였다.

카이난마루는 1월 24일 정박지를 떠나, 연중 얼음으로 덮여 있다고 알려져 누구도 탐험하지 못했던 해역을 향해 동쪽으로 나아갔다. 일찍이 영국의 스콧도 에드워드7세 랜드에서 동쪽으로 나아가려 했지만 얼음에 막혀 전진할 수가 없었다. 카이난마루는 증기기관을 사용해 엄청난 빙산을 요리조리 피해 전진하여 남위 76도 06분, 서경 151도 20분 까지 나아가 스콧이 항해했던 지점보다 40분이나 더 동쪽으로 항해한 기록을 남겼다. 여기서 시드니에서 싣고 온 연료를 점검해 보니 석탄 55톤

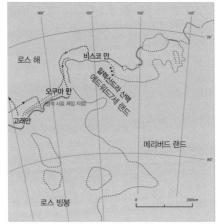

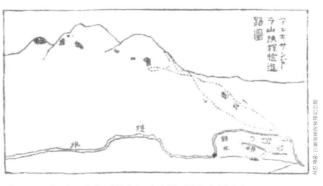

그림 2-22　　　에드워드7세 랜드의 알렉산드라 산맥을 탐험한 연안대의 경로.

중 16톤이 남고 식수는 54톤 중 15톤 정도 밖에 남지 않아 부득이 배를 돌려 고래만으로 돌아가야 했다.

돌아오는 길에 남위 77도 50분, 서경 158도 40분에 위치한 작은 만에 들렀다. 만의 크기는 입구가 동서로 약 6킬로미터, 안쪽으로 얼음절벽까지 남북으로 약 4킬로미터이며 수심은 237미터에 바닥은 암반으로 되어 있었으며 수많은 고래를 볼 수 있었다. 그들은 이 만을 오쿠마 백작의 이름을 따 오쿠마 만으로 명명하였다. 거기서 특히 암석이 박힌 빙산들이 해안을 따라 흘러 다니는 것을 발견하고, 그 암석을 갑판으로 끌어 올려 가져 왔는데, 이것은 일본 역사상 남극으로부터 얻은 첫 번째 암석시료였다. 채집한 암석과 비스코 만에서 포획한 황제펭귄의 위에서 나온 돌조각을 근거로 그 지역이 서쪽 빅토리아 랜드의 지질과 매우 흡사하고, 과거 에드워드7세 랜드에는 화산이 분출한 증거가 없다는 것도 알아냈다.

카이난마루가 오쿠마 만을 떠나 고래만 입구에 다시 도착한 것은 1월 31일 정오경이었다. 고래만은 지난번 떠났을 때에 비해 해빙이 많이 사라져 거의 없었다. 그러나 강풍과 눈보라로 만 내로 들어가지 못하고 대기하다가 2월 2일 저녁에야 들어

갈 수 있었다. 지난번 떠날 때 보았던 프람호도 보이지 않았고 만 내의 모습도 많이 달라져 예전 상륙했던 지점도 찾을 수 없었다. 얼음절벽으로 상륙을 시도했으나 때마침 불어오는 블리자드와 높은 파도로 이루어지지 못했다. 다음 날 아침이 되자 기상은 약간 호전되기 시작했다.

남극을 떠나다

2월 3일 아침에 카이난마루가 예상보다 일찍 돌아오는 것을 시라세가 망원경으로 관측했다. 카이난마루는 성공적으로 연안 탐험을 마친 뒤 돌아오고 있었다. 그들은 근거지를 정리하고 배에 짐을 실을 준비를 했다. 보트에 오르기 위해서는 20미터 높이의 얼음 절벽에서 밧줄을 타고 내려가야 했기에 매우 힘들었으며 무엇보다 날씨가 점점 나빠지고 있었기 때문에 서둘러야만 했다. 그들은 부득이하게 그 동안 생사고락을 함께 했던 20마리의 썰매개를 빙붕에 놓고 올 수밖에 없었다. 시라세는 나중에 이 때를 회고하며 다음과 같이 말했다.

"살아있는 개들을 남극에 두고 가는데 정 때문에 견디기 힘들다. 정말 비참하지 않은가. 그러나 당시 배에 식수가 모자라 개들을 실

사진 제공: 「野村直吉船長航海記」
野村直吉船長航海記出版委員會, 成山堂書店

그림 2-23　　　노무라 선장이 그린 오쿠마 만의 수채화. 카이난 마루는 1월 30일 에드워드 7세 랜드 탐험을 마치고 고래만으로 돌아오는 길에 작은 만에 도착하여 떠다니는 빙산에 붙어 있는 암석시료를 최초로 채취하였다. 그리고 이 만을 오쿠마 만이라 명명하였다.

어도 도저히 살아 올 수 없었을 것이다. 그래도 최대한 같이 가려 했으나 철수 때 빙원에서 불어오는 눈폭풍에 급히 목숨만 부지해 도망쳐와야 했기에 어찌할 도리가 없었다. 위기일발의 순간에도 우리는 개들을 위해 최소한 말린 송어 몇 마리를 남겨두었다."

시라세는 사실 썰매개에 애정이 많았다. 탐험대는 기념으로 베이스캠프 텐트와 기상 장비 일부도 남겨 놓았다.

카이난마루 선상에서 기쁨의 재회가 끝나고 2월 4일 오전 그들은 마침내 고래만을 출발했다. 이제 남극대륙과 헤어져야 할 시간이었다. 배는 거친 눈보라와 얼음을 헤치며 나아갔다. 2월 11일 저녁 로스 해의 쿨먼 섬 인근에 도착했다. 하지만 바다에 얼음이 많고 블리자드가 심해 배를 섬 가까이 붙일 수가 없어 며칠을 대기해야 했다. 예정대로라면 그들은 쿨먼 섬에서 펭귄을 잡고 암석 시료를 채취해야 했지만, 석탄과 물이 부족하고 전 대원이 피로에 지친데다 신경쇠약에 걸린 사람까지 있었기에 이대로 귀항하기로 결정했다. 마침내 카이난마루는 2월 14일 쿨먼 섬 상륙을 포기하고 블리자드가 부는 와중에 귀환길에 올랐다. 쿨먼 섬 인근에서는 나침반이 서지 않고 계속 돌아가 방향을 잡기 힘들었다. 이유는 당시 자남극점이 남위

72도에 위치했기 때문이었다.

북서쪽으로 뱃머리를 돌린 후, 3월 23일에 배는 뉴질랜드의 웰링턴 항에 무사히 도달했다. 일행은 성대한 환영을 받고 기자들의 인터뷰를 받았다. 4월 12일자 《뉴질랜드 타임스》에 시라세 일행의 탐험에 관해 아래 신문기사가 실렸다.

일본의 남극 탐험대원인 다케다 교수는 '현재 우리는 모든 정보를 줄 수 없습니다'라고 시드니의 《데일리 텔리그래프》 기자에게 말했다. '우리는 탐사 기록을 시드니의 엣지워스 데이비드 교수에게 보내려고 준비 중입니다. 일본에 돌아간 후 준비해 보낼 것이고 데이비드 교수는 이를 영국의 케임브리지 대학으로 보낼 것입니다. 생물, 지질 자료뿐 아니라 기상, 천문 자료 등은 상당한 가치가 있을 것입니다. 1911년 11월 19일 시드니를 출발한 후 남위 78도, 서경 145~164도의 고래만으로 곧장 갔습니다. 거기서 측량을 하고 다양한 암석 시료를 수집했습니다. 커다란 빙원의 일부에 야마토 설원이라고 이름을 붙였습니다. 우리는 에드워드7세 랜드와 고래만의 해안이 지도와 다르다는 것을 알아냈습니다. 우리는 바다와 육지를 전부 측량했습니다. 시료를 채취하고 수심을 측정했으며 다른 자료들도 얻었습니다. 일본으로 가기 전 데이비드 교수에게

이 자료를 넘길 예정입니다. 우리는 조석 관측과 수온, 염도도 측정하였습니다. 우리는 로스 해를 4번 오가는 동안 각 항목의 평균치를 확보했습니다. 사진들은 일본에서 시드니로 보내려고 준비 중입니다.

우리는 심한 고생을 했지만 전부 건강합니다. 단 한 사람, 배의 목수가 아팠는데 아주 경미했습니다. 가장 위험했던 곳은 고래만이었습니다. 이곳 빙벽은 90미터에 달했습니다. 마치 시드니 항구로 들어가는 입구를 연상케 했는데, 언제 무너질 줄 모르는 거칠고 울퉁불퉁한 얼음 절벽으로 이루어져 있었습니다. 여기서 우리는 프람호를 만났습니다. 프람호 선장에 따르면 보급품을 하역하는데 한 달이 걸렸다고 합니다. 우리는 시간이 많지도 않았지만. 정말 힘들게 노력해서 단 이틀 반 만에 하역을 마쳤습니다. 우리는 바닥부터 얼음길을 닦으며 올라갔습니다. 탐험대는 30마리의 개를 데려갔는데 그 중 절반만 다시 데려왔습니다. 탐사선은 이곳을 출발하여 6월경 일본에 도착할 것으로 예상합니다.

시드니의 데이비드 교수도 축전을 보냈다. 시라세를 포함한 일행 4명은 후원회에 탐험대원들의 급여를 청구하기 위해 카이난마루보다 일찍 고국으로 돌아가기로 했다. 그들은 중간에

사진 제공: 白瀬南極探検隊記念館

그림 2-24   남극 탐사 후 탐험대원들이 오쿠마 백작 저택을

방문해서 찍은 기념사진. 별도 사진은 오쿠마 백작.

시드니를 경유했는데 거기서도 이미 프람호가 세계 각국에 일본의 탐험 사실을 알렸기 때문에 수많은 사람들의 환대를 받았다. 시라세는 거기서 일본으로 가는 기선에 몸을 실어 그 해 5월 16일 다시 일본 땅을 밟았다.

당시 일본은 총선거로 온 국민의 관심은 선거에 쏠려 있었지만 3년 만에 돌아온 시라세를 위해 제등 행렬까지 하며 환영해 주었다. 카이난마루는 약 한 달 뒤인 6월 19일 도쿄 만으로 돌아왔다. 다음 날 시바우라 매립지에서 1만 명의 인파가 모인 가운데 성대한 환영식이 이루어졌다. 환영식에는 후원회 임원을 비롯해 시민들과 대학생, 중학생들이 참석했다. 오쿠마 백작과 시라세가 연설을 했고 환영식은 성황리에 마무리되었다. 시라세의 회고에 의하면, "조롱과 질책으로 우리를 떠나 보냈던 사람들이 몸소 나와 열렬한 찬사로 우리를 환영했다. 수천 명의 인파가 남극 탐험대를 열광적으로 격려했다. 우리의 귀환을 기념하기 위해 그날 저녁 도쿄 시내에서 종이로 만든 대형 등 퍼레이드가 펼쳐졌다."

탐험대 일동은 오쿠마 백작도 따로 찾아 감사를 표했으며, 국왕을 방문하여 탐험 이야기와 함께 사진을 보여 주는 기회를 가졌다. 이후 시라세는 자신의 탐험활동 사진, 영화, 남극에서 수집한 과학 시료를 들고 일본 각지에서 전람회를 개최했는데, 가는 곳마다 큰 반향을 불러일으켜 전람회장은 언제나 사람들로 가득 찼다.

남 극 탐 험 후 시 라 세 의 활 동

시라세는 귀국 후 5년간 대원들의 급여와 빚을 갚기 위해 일본 전역을 돌며 강연에 열중했다. 실제 그는 탐험 후 4만 엔(현 시세로 약 5억원)의 빚을 1935년까지 갚아야만 했다. 그는 탐사 이전에 이미 대원들의 급여 충당을 위해 고향 땅과 도쿄에 마련했던 집을 팔았으며, 탐험 중에는 전혀 수입이 없어 부인 야스코가 힘들게 가사를 이끌어 갔다. 남극 탐험 이후에도 많은 빚을 정리하고 자녀들을 교육하는데 부인의 내조가 매우 컸다. 시라세는 결혼 이후 50년의 과거를 되돌아보며 부인에게 감사의 말을 남긴 적이 있다. "안사람은 어떤 일이든지 세심한 주의를 기울이며 가난한 살림살이를 이끌어 주었다. 탐험을 위해 가정을 떠나 맘껏 활동할 수 있었던 것도 안사람 덕분이다. 게다가 사람을 보는 눈이 있다. 나는 그저 감복할 뿐이다."

시라세는 순회 강연을 끝낸 후 도쿄 인근에 임시 거처를 마련하고 농사를 지으며 지냈다. 그런 가운데 극지탐험의 어려

그림 2-25   남극 탐험 후 환영식에 참석한 시라세 가족 사진.
시라세는 탐험 후 귀국해 빚에 시달리다 농사를 지으며 궁핍하
게 살았다.

말년의 시라세 부부

움과 경험을 대중에게 알리기 위해 1923년에 《실제 모험 이야기, 북극에서 남극으로》를 저술하기도 했다. 또한 전쟁 후 급속히 발전한 항공기를 이용한 극지 탐험의 유용성을 간파하고 1921년 일본 의회에 항공기를 이용한 남극 탐험 청원서를 제출하기도 했다. 실제 1928년 호주의 휴버트 윌킨스가 처음으로 남극 상공을 비행한 데 이어, 1929년 미국의 버드 제독이 남극점 비행에 성공한 것을 보면 당시 시라세의 구상은 시대를 매우 앞선 것이었다.

시라세는 61세가 되던 1922년에 부인과 함께 정부의 쿠릴 열도 검은여우 양식장 감독관으로 우르프 섬에 파견되어 3년간 지내기도 했다. 그 후 다시 도쿄 부근의 시골로 돌아와 농사를 지으며 지냈는데 얼마 안 되는 군인연금만이 유일한 수입이라 매우 궁핍하게 살았다. 1927년에는 《호치신문》의 초청으로 일본을 방문한 아문센과 직접 만날 기회가 있었다. 아문센은 시라세를 만나자마자 "오, 카이난마루! 카이난마루!"라고 큰 소리로 여러 차례 외치며 반가워했다. 그는 지난날 시라세의 용감함을 극찬하며 지난 남극 탐험을 회상했다. 그날 신문에는 시라세가 아문센과 만나는 장면에 관한 기사가 실렸다.

21일 본사를 방문하여 아문센 씨와 회견을 요청하는 한 노신사가 있었다. 지금으로부터 16년 전 남극 탐험이라는 장도에 오른 뒤 불우한 처지로 세상에서 멀어져 소재조차 명확하지 않았던 탐험가 시라세 씨다. 겸손한 그는 '이제 와 염치없게 얼굴을 내밀 내가 아니지만, 국적은 달라도 같은 극지를 탐험한 탐험가로서 거인 아문센 씨의 일본 방문을 진심으로 축복하지 않을 수 없다'라며 고향에서 한걸음에 달려온 것이다. 그리하여 오후 3시 아문센 씨와 시라세 씨의 회견이 이루어졌다. '오, 카이난마루! 카이난마루!' 회견을 시작하자마자 아문센 씨의 입에서 나온 말이다. 악수를 나눈 시라세 씨의 눈에는 눈물이 어려 말이 없다. 잠시의 침묵. …… 지난날 일본 국민의 피를 들끓게 했던 카이난마루는 이미 국민의 기억에서 지워져 시라세의 이름은 다 잊혀지려 하고 있다. ……

아문센 씨가 회견 최초로 뱉은 이 말이 시라세 씨의 가슴에 얼마나 와 닿았는지 모른다. 이것은 국경을 초월하여 성사 여부를 개의치 않고 서로의 목표였던 극지에 일생을 바친 영웅들이 만난 역사적이며 극적인 장면이다. '1911년 귀하가 남극을 정복했을 때 한 발 늦게 고래만에 도착했다. 해적선인 줄 알고 발포하려던 순간 노르웨이 국기를 보고 프람호라는 사실을 알고는 놀랐다'라며 시라세 씨는 당시를 회고하며 '우리는 남극에서 만나지 못했지만 여기서 만나다니 기이한 인연이다'라고 시라세 씨는 말했다. '내가 평생을 바쳐 이루지 못했던 남극점 정복을 마치고 나아가 북극을 정복한 아문센 옹이야말로 실로 내가 꿈에 그리던 위인이다. 나는 노력했지만 이루지 못했다. 아문센이라는 거인을 만나게 되어 다소나마 보상받은 기분이다. 국민에게 잊혀지는 것은 어쩔 수 없다. 다만 카이난마루라는 이름으로 거인의 기억에 남아있다는 사실이 최소한의 위안이다.

그 후에도 시라세는 꾸준히 극지탐험연구기관을 만들기 위해 노력하는 등 극지탐험의 중요성을 알리기 위해 애썼으나 정부의 지원을 받는 데는 실패했다. 시라세는 다음과 같이 남극 탐험의 중요성을 역설했다.

해외 탐험을 계획할 정도의 국민이 아니라면 국가의 영원한 발전은 기대할 수 없으며, 극지 특히 남극대륙에 영토를 선점할지 말지는 일본의 앞날과 밀접한 관계가 있다. 아직 미지의 세계인 남극은 과학 특히 기상학, 자기학, 지질학, 해양학, 생물학 등과 여러 미개척 학문의 보고일 뿐 아니라 경제와 자원 면에서 또는 장래의 국가 정책, 특히 국방의 관점에서 절대 필요한 지역이 될 것이다.

가족 중 시라세의 장남은 해군 대위가 되었고 비행기를 연구하기 위해 프랑스로 유학을 떠났다가 퇴역 후 항공기 사업에 종사했다. 그의 차남은 항해사 일을 하다가 무역업에 종사하다. 셋째 아들은 안타깝게도 젊은 나이에 병으로 요절하고, 넷째는 역시 항해사를 거쳐 남극의 포경업에 종사하였다. 그렇게 된 과정에는 어린 시절 아버지에게 들었던 남극에 대한 동경이 있었다고 한다. 그러나 넷째 또한 고된 업무로 건강이 악화되어 젊은 나이에 요절하였다. 그는 아버지의 뒤를 이어 남극에서 활약한데다 막내였던 만큼 시라세의 슬픔도 그만큼 컸다. 시라세는 둘째 딸의 간청으로 1938년 4월 한국(당시는 일제 강점기의 대한제국)으로 건너와 서울 딸의 집에 잠시 머무르다, 넷째 아들의 간병을 위해 급히 일본으로 귀국했다고 한다.

탐험선 카이난마루는 남극에서 귀환하자 군지 대위에게 넘어가 쿠릴 열도 조업에 나섰다가 1914년 가을 연어를 대만으로 수송하고 돌아오는 길에 큐슈 앞바다에서 암초에 걸려 침몰했다. 시라세는 침몰한 배에서 카이난마루라는 함명이 새겨진 나무판을 건져 올리려고 했지만 결국 실패했다고 한다. 일본 극지연구소는 1981년 건조된 1만2천 톤급 남극전용 쇄빙선의 이름을 시라세호라고 명명했으며, 2008년 다시 건조된 현재 일본의 남극 탐험용 쇄빙선의 이름도 역시 시라세 호다.

시라세는 죽을 때까지 검소하게 생활했고, 아이치 현 코로모마치(현 도요타 시)의 허름한 셋방 2층에서 1946년 9월 4일 85세를 일기로 생을 마감했다. 한때 시라세는 아문센을 거인이라 칭했지만 일본에서는 시라세 자신도 거인의 반열에 올랐다. 그의 고향 고노우라(현 니카호 시)에는 1934년에 시라세의 공적을 기리는 기념비가 세워졌으며, 1936년 12월 20일에는 카이난마루가 출항했던 도쿄 시바우라 부두에 남극 탐험기념비가 설치되었다. 기념비에는 화강암을 빙산 모양으로 깎고, 청동으로 카이난마루를 부조하고 두 마리의 펭귄을 세웠다. 1981년에는 시라세가 태어난 절에 동상이 세워졌고 1990년 4월 마침내 그의 업적을 기리는 시라세 남극 탐험대 기념관이 그의 고향인 아키타 현 니카호 시에 세워져 탐험대가 사용했던 물품, 카이난마루 모형, 남극에서 채집된 암석과 이끼 등을 전시하고 있다. 2012년 2월 시라세 남극 탐험 100주년을 기념하는 기념 강연회가 일본 도쿄에서 개최된 바 있다

그림 2-26   일본의 극지탐사 쇄빙선 시라세호. 일본은 1956년부터 소야호, 후지호, 시라세호를 건조하여 극지탐사를 했고, 2009년부터 시라세 2호를 건조하여 남극 탐사에 사용하고 있다. 일본 해상자위대 소속인 현재 시라세호는 길이 138미터, 폭 28미터, 총 배수톤수가 2만 톤으로 2대의 헬기를 탑재하고 있다. 1.5미터 두께의 해빙이 있는 바다를 3노트*의 속도로 연속 항해가 가능하다.

---

* 1노트(knot)는 바다에서 시간당 1해리, 즉 1852미터를 이동할 때의 속도를 말한다.

countries in Afric
he main targets a

history

사진 제공: 김예동

사진 제공: 김예동

그림 2-27   시라세는 1946년 9월 85세의 나이로, 아이치 현 코로모마치(현 도요타 시)의 허름한 셋집 2층에서 생을 마감했다. 묘지는 그가 태어났던 아키타 현 니카오 시의 절에 마련되었다.

그림 2-28   시라세의 고향인 아키타 현 니카호 시(옛 고노우라 마을)에 세워진 시라세 남극탐험대 기념관.

그림 2-29   뉴질랜드 크라이스트처치 시의 남극박물관에 설치된 시라세 노부의 흉상.

그림 2-30   2012년 시라세 남극 탐험 100주년 기념 강연회에서 발표하는 저자.

그림 2-31   시라세가 태어난 절에 세워진 시라세 노부의 동상 앞에 선 저자.

3장

세
라
시
의
남
극
탐
험
의
성
과
와

시 라 세 남극 탐험의 성과와 의의

시라세는 남극 탐험의 중요성을 다음과 같이 밝힌 바 있다.

영국은 포크랜드 속령이라고 멋대로 정한 해역에 자국 선박을 위해 등대와 부표를 설치하고 특히 사우스조지아 섬(남위 55도 지역에 위치한 빙하로 덮인 섬)에는 부두, 통신시설, 공장, 연료탱크, 병원 등 근대 설비를 두고 있다. 호주와 남아프리카 사이에 존재하는 허드 섬, 마리온 섬을 둘러싸고 프랑스와 영국이 서로 영유권을 쟁탈한 적이 있는데, 그들은 남극을 둘러싼 이 섬들의 위치가 얼마나 중요한자 눈여겨보고 있었기 때문이다. …… 호주의 더글라스 모슨은 '남극은 호주에게 주어진 재산이다'라고 공언하며 그 영유권을 주장하고 있다.

이런 시라세 생각의 이면에는 당시 남극 탐험을 통한 영유권의 확대와 국가 이익의 극대화라는 시대 상황이 투영되어 있다. 20세기 초 열강들의 식민지 쟁탈전이 한창이었을 때 무력과 폭력보다 탐험을 통해 불모지로 평화적인 영토 확장을 시도하는 것은 차라리 건전한 발상이라고 여겨진다.

당시는 일본을 비롯한 아시아인들이 유럽 문명 나아가 유럽인들에게 막연한 열등감을 느끼던 시대였다. 시라세는 1912년

10월 미국의 잡지 《인디펜던트》와 인터뷰에서 유럽 탐험대와의 차별성과 일본 탐험대의 의의를 다음과 같이 표현한 바 있다.

우리는 일본인도 유럽인 못지않게 탐험 능력이 있으며, 더 열악한 방한복을 입고도 추위를 견딜 수 있고, 더 적은 음식을 먹어도 활동할 수 있는 점에서 유럽인보다 우월하다는 것을 증명했다. 우리는 남극에서 털 달린 상의와 장갑을 제외하고는 일본의 겨울철에 입는 보통 옷을 입었다. 항해 중 매일 우리의 식단은 1킬로그램 정도의 빵, 비스킷, 통조림이었으며, 상륙 시에는 식량을 반으로 줄였다. 대원들은 그 정도의 의복과 식량만으로 어떤 힘든 일도 할 수 있을 정도로 효율적이었다. 바로 이점이 내가 말하는 '일본인도 다른 나라 사람과 견주어 어떤 어려움도 극복할 수 있다'는 것을 증명하는 것이다. …… 결론적으로 나는 우리 남극 탐험이 어떤 가치가 있으며, 얼마나 경제적 가치가 있는지 숫자로 제시하는 것은 불가능하기도 하지만, 적절치 않다고 말하고 싶다. 그런 면에서 평가했던 사람들은 우리를 강하게 비난했다. 나와 카이난마루 대원들은 이런 부적절하고 일부 악의적 평가들을 무시하고 인류 보편적 평가를 기다릴 것이다. 우리는 당시 상황에서 최선을 다했다는 것을 믿어 의심치 않는다. 또한 우리 극지탐험대는 일본인의 가슴에 숨은 불씨에 불을 지폈고, 우리의 탐험 정신과 열망으로 이미 많은 이들이 탐험에 도전하고 있다.

실제 시라세의 일본 탐험대는 유럽의 선진국에 비해 탐험 비용이 턱없이 적었다. 당연히 그들이 갖고 간 장비 수준도 차이가 있을 수밖에 없었다. 카이난마루도 선진국의 배에 비하면 형편없이 작았다. 시라세가 출발하기 전 과학대원을 모집할 때 찾아갔던 두세 명의 학자들이 카이난마루를 보고는 '나

	아문센	스콧	시라세
선박	프람호 39x10.4미터, 402톤 220마력, 16명(선원)	테라노바호 57x9.5미터, 764톤 140마력, 65명(선원)	카이난마루 30x7.9미터, 204톤 18마력, 27명(선원)
이동수단	썰매개 48마리	설상차 3대 조랑말 19마리 썰매개 32마리	썰매개 28마리
경비 (현재 액수환산)	최소 31억원 (선박 제외)	최소 97억원 (선박 제외)	약 14억원 (선박 포함)

표 3-1 1911~1912년 같은 시기에 남극을 탐험했던 아문센, 스콧, 시라세 탐험대의 장비와 경비 비교.

도 당신의 탐험에 참가하고 싶지만 이런 작고 형편없는 설비를 갖춘 배로는 참가할 수 없다'고 말한 적도 있다고 한다.

열악한 장비였지만 시라세 탐험대는 남극 탐험에 대한 자세한 항해기록, 기상과 탐험장비에 대한 기록과 함께 동식물 표본, 암석 시료 등 많은 귀중한 과학적 연구자료를 남겼다. 남극에서 가져온 유일한 식물 표본은 작은 갈색의 조류인 모자반이다. 동물 시료로는 바다제비에 속하는 5종을 포함하여 총 11종의 새를 포획하였고, 물고기와 크릴, 게 등을 채집하였다. 11종의 새 중 호주에서 채집한 2종을 제외하면 모두 투비나레스속(현재는 슴새 목)에 속하는 신천옹, 슴새petrel, 스노우버드, 슴새shearwater, 플머갈매기fulmar 등 5종의 바다새다.

펭귄은 황제펭귄과 아델리펭귄을 채집했다. 펭귄의 날개는 퇴화해 물고기 지느러미 역할을 하며, 다리는 물갈퀴 역할을, 깃털은 짧고 가늘어서 비늘 역할을 한다고 기술했다. 피부 밑에 두꺼운 지방층이 있고 체온은 섭씨 37.8도로 따뜻한 편이며 아델리펭귄은 산란기가 되면 섬의 바위 지역에 모여 둥지를 만들고 2개의 알을 낳는 것을 관찰했다. 먹이로는 주로 갑각류, 조개류, 물고기를 섭취하며 약간의 식물과 많은 수의 작은 돌을 함께 먹는다. 황제펭귄은 빅토리아 랜드 지역에 살며 가

그림 3-1   시라세 탐험대가 남극에서 채집한 새와 물고기 표본.

슴에 노란색 무늬를 갖고 있다. 아델리펭귄은 상대적으로 체격이 작으며 황제펭귄과 색깔은 같지만 머리에 흰 무늬가 없다. 그밖에 가마우지, 도둑갈매기를 채집했다.

당시 남극은 거의 탐험되지 않았고 대부분이 얼음으로 덮여 있어 지질 암석에 대해서는 별로 알려져 있지 않았다. 그나마 지질이 다소 알려진 곳은 남극반도 그래엄 랜드와 로스 해 지역이었다. 시라세 탐험대가 에드워드7세 랜드에서 채취한 수십 개의 빙산에 붙어 있던 암석은 대부분 각섬석이 풍부하고 편마암과 비슷한 박리구조를 보이는 화강암 또는 화강섬록암이다. 암석학적으로는 로스 해 서안의 빅토리아 랜드에 분포하는 기반암과 유사하다. 그러나 신생대 퇴적암이나 화산암이 전혀 없었던 것으로 미루어 신생대 화산작용은 주로 빅토리아 랜드에 국한되었을 것으로 추정했다.

시라세 탐험대는 남위 76도 58분, 서경 154도 50분에서 채집한 펭귄의 위에서 발견된 140여 개의 작은 돌조각에 관심을 갖고 이것들이 에드워드7세 랜드 지역의 해저 및 육상에 분포하는 암석을 대표할 것이라 생각했다. 황제펭귄은 물고기를 주로 먹기 때문에 소화를 돕도록 돌조각을 직접 먹을 필요가 없을 것이므로 돌조각은 물고기로부터 옮겨왔을 것으로 추정했다. 돌조각은 다량의 철이 함유된 검은색의 화산암과 고생대 퇴적암으로부터 유래한 이암 슬레이트, 고생대 퇴적암에서 유래한 규암, 검회색의 경사암, 신생화산에서 유래한 응회암, 시생대의 편마암, 사암, 시생대 편암으로 분류되었다. 이를 통해 에드워드7세 랜드의 지질은 주로 신생대 이전의 셰일과 경사암, 화산 기원의 응회암으로 구성되어 있을 것으로 추정했다. 실제 서남극에 속하는 이 지역은 중생대, 신생대에 화산작용이 활발했던 지역이다. 시라세 연구 결과로 미루어 빙산 밑에 붙어 떨어져 나온 암석보다 펭귄 위에서 발견된 암석 조각들이 남극 지질 연구에 더욱 효과적이라는 것이 밝혀졌다.

시라세 탐험대는 1910년 11월 30일 일본을 출발해 1911년 5월 1일 시드니로 귀환한 1차 항해와, 1911년 11월 19일 시드니를 출발해 1912년 1월 20일부터 2월 3일까지 육상 탐험하고, 2월 4일 남극을 떠나 3월 23일 뉴질랜드 웰링턴으로 귀환한 2차 항해 전 기간 동안 기압, 온도, 습도, 풍향, 풍속, 구름의 양, 파고, 해수 온도를 매 2시간마다 관측해 완벽한 기상관측 자료를 남겼다. 당시 남빙양과 남극의 기상자료가 거의 없었기 때문

그림 3-2   시라세 탐험대가 빙하 하부에서 얻은 112킬로그램의 화강암 시료(위)와 작은 화강암 조각들(오른쪽 박스 안), 고래만에서 채취한 크릴 시료(가운데) 및 범고래 사진(아래)

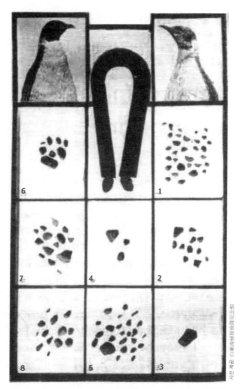

그림 3-3   펭귄의 위에서 나온 작은 돌조각들. (가운데) 자석을
넣어 함께 흔들면 철 성분을 갖고 있는 암석이 확연히 구분된다.
1. 화산암, 2. 역암 슬레이트 조각, 3. 규암, 4. 경사암 5. 응회암, 좌
측 위에서부터 6. 편마암, 7. 사암, 8. 편암 조각들

에 매우 중요한 과학자료로 남아 있다.

시라세는 남극 탐험대의 의복, 식량, 슬리핑백 등의 장비, 썰매와 썰매개에 대한 자세한 기록과 함께 각각의 장단점, 외국 탐험대 장비와의 비교 자료를 남기기도 했다. 특히 사할린 개들은 1차 항해시 좁은 우리 속에서 적도를 지나는 동안 견디지 못하고 죽어버려 로스 해에 도달했을 때는 단 1마리만 살아남았다. 일본의 탐험후원회는 1차 항해시 개들이 몰살한 이유를 조사한 결과 사할린 개들이 기생충에 심하게 감염되어 있는 것을 발견했다. 따라서 2차 항해를 위해 일본으로 보내온 29마리의 사할린 개들은 사전에 기생충을 치료하여 모두 무사히 남극까지 데려갈 수 있었으며 얼음 위 탐험에 매우 유용하다는 것을 입증하였다.

1913년 12월 후원회에서 발간한 시라세 탐험의 공식 기록인 《남극기》는 다음 10가지의 탐험 성과를 제시하고 있다.

1. 카이난마루는 현재(1913년 2월 기준)까지 선박이 항해한 최남단 신기록인 남위 78도 31분에 도달하여 일본 해양 역사에 위대한 업적을 세웠다.

2. 일본 선원들의 훌륭한 기술을 전세계에 알렸다. 평화로운 시절

에 목숨을 건 탐험을 통해 일본 국민의 의식을 고취하였다.

3. 탐험대의 과학연구를 통해 남극에 대한 인류의 지식을 늘리는데 공헌하였다.

4. 탐험을 통해 일본 국민들에게 국제적 시각에서 스스로를 생각해 볼 기회를 제공하였다.

5. 체력적인 면에서 일본인들이 극지환경을 이겨낼 수 있다는 것을 증명하였다.

6. 결빙 지역 항해에 대한 귀중한 경험을 습득하였다.

7. 일본인에게 탐험에 대한 관심을 고조시켰다.

8. 극한 기후가 신체에 미치는 영향을 연구하였다.

9. 연구를 통해 피복, 식량, 개썰매 등과 같이 극한 지역 탐사에 필수적 사항들을 확인하였다.

일본 이외에는 시라세 탐험대의 성과가 잘 알려지지 않았다. 2012년《남극기》를 영문으로 번역한 힐러리 시바타에 따르면 그 이유가 영국의 왕립지리학회에 있다고 한다. 일본 탐험대의 간략한 보고서는 1912년 7월 영국의《지오그래피컬 저널》에 게재되었으며, 1912년 8월에는 탐험대원이었던 이케다 마사키치 교수가 왕립지리학회에 서신으로 탐험 결과와 오쿠마 만, 시라세 만의 명명 사실을 통고한 바 있다고 한다. 그러나 당시 전임 회장이던 클레멘츠 마컴이 학회지에 이케다의 탐험을 혹평하는 바람에 출판이 무산돼 버렸다. 당시의 인종차별적 발상과 아울러 영국 스콧 탐험대의 생사가 불투명한 상황에서 일본 탐험대의 성공을 좋게 볼 리 없었다. 실제 1913년 스콧의 죽음이 알려진 후 영국에는 국가적 애도 분위기가 만연했다. 1970년대까지 많은 영국인들은 아문센이란 이름을 거의 듣지 못했으며, 남극점에 처음 도달한 사람도 스콧이라고 알고 있었다고 한다.

1929년 미국의 버드 탐험대가 로스 빙붕을 따라 동쪽으로 비행하고 그 후 몇 곳 큰 만의 이름을 붙였고 일본이 이에 이의를 제기하자 1933년 발표된 《지오그래피컬 리뷰》의 지도에는 카이난 만, 오쿠마 만이라는 지명이 명기되었다.

우리나라의 남극 연구

일본은 2차 세계대전 이후 남극에 관한 모든 권리를 포기하고 경제적으로 궁핍한 상황에서도 1957~8년 국제지구물리관측년에 참가해 남극대륙에 1957년 1월 쇼와기지를 세우고 과학 관측을 시작하였다. 국제지구물리관측년은 지구와 우주의 비밀을 벗기기 위해 세계 12개국이 남극에 월동기지를 세우고 과학 관측을 실시한 국제공동연구사업이다. 국제지구물리관측년은 많은 과학적 발견으로 매우 성공적이었으며, 이를 계기로 남극조약이 체결되는 국제정치적 토대가 마련되었다.

1959년 체결되고 1961년 발효된 남극조약은 기존 영국, 프랑스, 노르웨이, 호주, 뉴질랜드, 칠레, 아르헨티나 7개국의 남극에 대한 영토권 주장을 동결하고 조약기간 중 남위 60도 이남 남극지역에서 과학연구를 위한 완전한 자유를 보장하고 있다. 즉, 남극을 핵실험과 같은 군사적 목적으로 사용하는 것을 금지하고 천연의 과학실험실로 보존한다는 개념으로 오직 과학연구를 통해서만 국가 이익을 보장할 수 있는 지구상 유일한 지역으로 인정받고 있다. 그 후 남극조약 가입국은 계속 증가하여 현재는 총 50개국이 가입되어 있다.

일본은 1959년 12개 원초 서명국으로 남극조약에 가입하였고 쇼와기지 이외에 내륙에 아스카기지와 미즈호기지를 갖고

사진 제공:

그림 3-4   남극대륙의 동남극 해안에서 내륙으로 4킬로미터에 거리에 위치한 일본의 쇼와기지.

그림 3-5~6   남극대륙의 일본 아스카기지(위)와 돔후지기지(아래).

있다. 1995년에는 쇼와기지에서 1000킬로미터 내륙에 후지기지를 건설하고 깊이 3천미터 이상의 빙하 시추에 성공하는 등 남극과학의 최첨단을 달리는 국가로 인정받고 있다.

우리나라는 1986년에 와서야 남극조약에 가입하였고 이어 1988년 2월 남극반도에 위치한 킹조지 섬에 세종과학기지를 설치하였다. 세종과학기지 건설 이후 성공적인 기지 운영과 연구 활동의 점진적 확대가 이루어져 왔으며, 2002년에는 북극에도 스발바르 군도의 스피츠베르겐 섬에 다산과학기지를 설치하여 남북극을 연구하는 극지 국가로서의 위상을 강화하였다.

우리나라는 선진국에 비해 늦게 남극 연구에 뛰어들었고, 낮은 국가적 관심으로 어려운 상황에서 연구가 진행됐지만 많은 연구원의 헌신과 열정으로 훌륭한 연구 결과를 많이 발표하여 국제 사회로부터 점차 인정받고 있다. 우리나라는 남극조약 가입 후 짧은 기간 만에 1989년 남극조약협의당사국 ATCP의 자격을 획득하였고 남극과학연구위원회[SCAR]와 국제북극과학위원회[IASC]의 정식 회원국이 되었다. 지난 2003년에는 남극의 블리자드 속에서 전재규 대원을 잃는 아픔을 겪기도 했지만, 전재규 대원의 숭고한 살신성인으로 극지연구는 국민적인 관심과 성원을 얻어 새로운 도약기를 맞이하고있다.

그 동안 우리나라의 남극연구도 국제적 추세에 발맞추어 지구환경변화와 그로 인한 빙하, 생태계, 해양 변화 연구 등에 연구 역량을 집중했다. 세종과학기지는 설립 이후부터 세계기상기구의 정식 관측소로 등록되어 기상 자료를 보고하고 있으며 2010년부터는 세계기상기구/기상대기감시의 지역급 기후변화 감시소로 운영되고 있다. 대기관측과 더불어 극지기후변화 모델링 연구와 함께 고층대기·우주환경연구도 진행하고 있다. 남극은 태양의 영향으로 인한 오로라 현상, 전리권, 자기권의 상호 관계 등을 관측하기에 최적의 장소이기 때문이다.

남극 해양에서의 퇴적물 시추 코어를 이용한 고기후 변화는 1990년대부터 꾸준히 이루어지고 있으며 심부 탄성파, 지진관측망 구축을 통한 지체구조 연구, 지리정보시스템 구축과 함께 빙하의 거동을 정밀관측하고 있다. 또한 우리나라는 2006년 부터 남극에서 운석 연구를 시작해 그동안 200여개의 운석을 수집 세계 5번째 남극운석 보유국이 되었다. 운석은 태양계 생성의 비밀을 풀어줄 귀중한 시료로 전세계에서 발견된 운석 약 6만개 중 80퍼센트 이상이 남극에서 발견되었다.

세종과학기지는 남극에서도 가장 빠르게 온난화가 진행중

인 남극반도에 위치하여 극지생물 다양성, 환경적응 기작, 생태계변화 연구 등의 기초 연구 뿐만 아니라 유용한 극지생물 자원의 발굴과 신규 생물 소재 개발 등 응용연구를 수행하기에도 적합하다. 또한 세종과학기지 인근에 위치한 펭귄 서식지를 남극조약에 특별보호구역으로 신청해 2009년 부터 우리나라가 관리하고 있다.

장기적으로 우리나라의 남극활동을 확대하기 위해 남극대륙에 제2기지를 건설하기로 하고 이를 지원하기 위해 쇄빙연구선 아라온호를 2009년 건설하였다. 아라온호를 이용한 남빙양의 해수순환과 해양물질 순환 특성, 해양·대기 상호작용, 해양생태계, 생물자원 분포, 원격탐사, 해빙 분포특성, 생태계 모델 연구 등도 세종과학기지와 장보고과학기지를 연결하여 진행하고 있다.

남극의 장보고과학기지를 2014년 2월 남극대륙 로스 해 서안에 위치한 테라노바 만에 준공하여 우리나라 과학영토의 확대와 이울러 아라온호와 연계한 독자적인 활동영역의 비약적인 확장을 통해 국가과학기술 발전에 기여하게 되었다. 아울러 전지구적 환경변화 연구 등을 통해 국제사회에 기여하여 우리나라의 위상을 한층 높일 것으로 기대되며 우리 국민의

그림 3-7   남극대륙의 로스 해 서안 테라노바 만에 위치한 한국의 장보고과학기지와 정박 중인 쇄빙연구선 아라온호. 장보고과학기지는 2년여의 공사를 거쳐 2014년 2월 준공하였다.

그림 3-8   남극반도 킹조지 섬에 위치한 한국의 세종과학기지는 1988년 2월에 세워졌다.

그림 3-9　북극 스발바르 군도 스피츠베르겐 섬의 니알슨
에 위치한 한국의 다산과학기지는 2002년 4월에 개소하였다.

도전정신 함양과 자긍심 고취에도 큰 역할을 할 것으로 기대된다. 또한 장보고과학기지는 장차 내륙으로 제3, 제4 기지를 건설하기 위한 교두보의 역할도 하게 될 것이다.

남극 진출은 우리나라 과학기술의 발전과 함께 우리 민족의 활동영역을 전세계로 확대한다는데 더 큰 의미를 갖고 있다. 역사적으로 비교적 좁은 한반도 내에서 해양을 통한 외적인 진출이 부족했던 우리 민족으로서는 남극이라고 하는 새로운 활동영역을 개척하고 있는 셈이다. 특히 자라나는 다음 세대에 도전과 개척의 정신을 고취시킬 수 있다는 점에서만 봐도 극지연구가 우리에게 주는 가치는 충분하다고 생각된다.

지금 이 시간에도 남극의 세종과학기지와 장보고과학기지에는 혹한의 추위와 싸우며 묵묵히 연구를 수행하고 있는 30여명의 자랑스러운 월동 연구대원들이 있으며 이들이 바로 우리가 잊지 말아야 할 대한민국의 진정한 탐험가들이다.

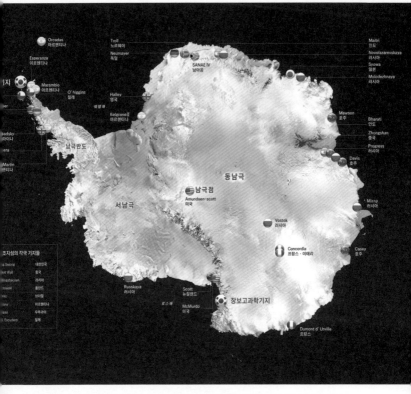

그림 3-10 남극대륙에 위치한 세계 각국의 과학기지. 현재 남극에는 20개국 40개의 상주

기지가 설치되어 있다.

신라세 연표

연도	나이(세)	시라세의 생애와 남극 탐험
1861년		시라세 노부는 1861년 6월 13일 일본 도호쿠 지방 아키타 현 니카호 시 당시 고노우라 마을의 죠렌지淨蓮寺 주지의 장남으로 태어났다. 아명은 치교知教.
1868년	7	서양 문물을 공부한 사사키 세츠사이 선생의 사숙에 들어간다. 선생은 아이들에게 콜럼버스나 마젤란과 같은 서양인들의 탐험 이야기를 많이 들려주었다.
		소년 시절의 시라세는 주위 친구들과 전쟁놀이를 하는 등 동네에서 소문난 개구장이였다. 여우 꼬리를 잡아당겨 끌고다니거나, 바다에 정박해 있는 배 밑바닥을 통과해 헤엄치다 죽을 뻔하기도 하는 등 장난이 심했다.
1871년	10	사사키 선생에게 '북극 탐험' 이야기를 듣고 탐험가의 꿈을 키운다. 선생은 탐험가가 되고 싶다면 5가지를 꼭 지킬 것을 가르친다. 술을 마시지 않는다, 담배를 피우지 않는다, 차를 마시지 않는다, 따뜻한 물을 마시지 않는다, 한겨울에도 불을 쬐지 않는다 시라세는 이 다섯 가지를 평생 실천한다.
1877년	16	탐험가가 되기 위해 승려를 포기하고, 야마가타 현에 있는 학교로 진학하여 우수한 성적으로 졸업한다.
1879년	18	도쿄 아사쿠사의 상급학교로 진학한다. 하지만 학교생활에 잘 적응하지 못해, 몇 개월 다니지 않고 군인이 되기위해 학교를 자퇴한다.
		히비야에 있는 육군 교도단 기병과 시험에 응시, 합격하여 군인이 된다. 시라세는 18세부터 30세까지 군인으로 활동한다.
1881년	20	육군 교도단에서 2사단으로 전입한다. 시라세는 이곳에서 훗날 자신에게 후원을 아끼지 않았던 고다마 겐타로 소장을 만난다.
1887년	26	시라세는 야스코와 결혼한다. 시라세가 85세로 죽을 때까지 60년간 결혼생활을 이어간다.
1892년	31	무관결혼조례'를 비판한 글을 《병사신문》에 게재하여, 결국 예비역으로 전역한다.
		전역 후 쿠릴 열도 탐험을 준비한다. 군지 나리타다 대위가 쿠릴 열도 탐험을 준비중이라는 소식을 듣고 합류하기로 결정한다.

연도	나이(세)	시라세의 생애와 남극 탐험
1893년	32	5월에 쿠릴 열도 탐험을 시작하여, 센다이를 출발하여 중간 목적지인 홋카이도의 하코다테에 도착한다. 군지 대위의 쿠릴 열도 탐험선이 도중에 폭풍우로 조난을 당해 탐험자금과 선원 19명을 잃는다. 하코다테의 부상에게 부탁하여, 그의 배를 타고 쿠릴 열도로 떠난다. 6월 17일 이투루프 섬에 도착하여, 시아시코탄 섬에서 유황 채굴을 하기 위해 떠나는 다이요호에 편승한다. 7월 31일 쿠릴 열도의 시아스코탄 섬에 도착하여, 3일간 탐험한다.
1894년	33	시아시코탄 섬에서 원래 타고가기로 한 일본 해군함 이와키호를 우연히 만나 그 배에 옮겨 탄다. 8월 31일 쿠릴 열도의 슘슈 섬에 도착하여 탐험한다. 슘슈 섬에서 그 해 겨울을 난다.
1895년	34	3월에 쿠릴 열도의 북쪽 끝에 있는 러시아의 캄차가 반도를 탐험한다. 쿠릴 열도 탐험과 월동을 끝내고, 6월에 센다이로 귀환한다. 그 이후 북극탐험을 준비한다.
1902년	41	도쿄로 상경하여 고다마 겐타로 소장에게 북극 탐험 지원을 요청하지만, 고다만 소장은 때가 되지 않았다며 기다리라고 한다. 10월부터 홋카이도에서 공무원 생활을 한다.
1904년	43	러일전쟁으로 징집되어 전쟁에 참여한다.
1905년		러일전쟁이 끝나 전역한다. 다시 북극 탐험 준비를 한다.
1909년	48	로버트 피어리가 북극점에 도달했다는 소식을 듣고, 남극 탐험으로 목표를 변경한다.
1910년	49	1월에 일본 의회에 남극 탐험에 필요한 경비10 만엔 지원을 청원한다. 의회는 청원을 의결했지만, 보조금을 3만엔으로 낮췄다. 하지만 이 비용도 결국 지급되지 않았다. 7월5일 남극 탐험에 대한 첫번째 대중연설회를 개최한다. 일본 국민들의 호응으로 남극 탐험 후원회가 결성되고, 그 후

두 차례나 일본 총리를 역임한 오쿠마 백작이 회장이 되었다. 국민들로부터 남극 탐험 비용을 모금한다.

어업지도선 제2호코마루호를 양도받아 수리하고 카이난마루라고 명명하다.

11월 29일 시라세의 남극 탐험대는 카이난마루를 타고 남극 탐험을 위해 도쿄항을 떠난다.

| 1911년 | 50 |

2월 8일 중간경유지인 뉴질랜드의 웰링턴 항에 도착해, 식량과 물자를 보급하고 2월 11일 남극으로 출발한다.

3월9일 남극대륙 로스 해에 있는 쿨먼 섬에 도착했으나, 바다에 얼음이 얼어 전진할 수가 없었다. 더이상 전진하지 않고 호주로 귀항한다.

5월 11일 호주의 시드니에 도착한다.

시드니에서 6개월간 얼음이 풀리기를 기다린다.

11월 19일 시드니를 출항하여 2차 남극 탐험에 나선다.

| 1912년 | 51 |

1월 10일 남극 대륙의 로스 빙붕에 도착한다.

1월 17일 로스 빙붕 얼음 절벽을 올라 짐을 옮겨 절벽 위에 기지를 설치한다.

탐험대를 연안대와 돌격대로 나누고, 연안대는 카이난마루를 타고 고래만을 조사하고, 돌격대는 남극대륙을 본격적으로 탐험하기로 한다.

1월 20일 돌격대가 썰매개를 이용해 남극점으로 나아가며 남극 탐험을 시작한다.

1월 28일 시라세가 이끈 남극점 돌격대는 남위 80도 5분, 서경 156도 37분 지점에 도달하였으나, 식량부족으로 귀한한다.

1월 28일 시라세가 이끈 남극점 돌격대는 남위 80도 5분, 서경 156도 37분 지점에 도달하였으나, 식량부족으로 귀한한다.

2월4일 남극대륙 탐험을 마치고, 로스 빙붕의 고래만을 떠난다.

3월 23일 남극 대륙에서 뉴질랜드의 웰링턴 항으로 귀환한다.

6월 20일 일본 도쿄의 시바우라 항으로 돌아온다. 시라세 탐험대를 맞이하는 성대한 환영식이 열린다.

연도	나이(세)	시라세의 생애와 남극 탐험	
1912~1916년	51~55	귀국 후 5년간 대원들의 급여와 빚을 갚기 위해 일본 전역을 돌며 강연을 다닌다.	
1921년	60	일본 의회에 항공기를 이용한 남극 탐험 청원서를 제출했지만, 받아들여지지 않았다.	
1922년	61	아내와 함께 쿠릴 열도에 있는 우르프 섬에 있는 일본 정부 산하 검은여우 양식장 감독관으로 파견되어 그후 3년간 지냈다.	
1923년	62	극지탐험의 어려움과 경험을 대중에게 알리기 위해 《실제 모험 이야기, 북극에서 남극으로》를 저술하여 출간한다.	
1927년	66	《호치신문》의 초청으로 일본을 방문한 아문센과 직접 만나 대화를 나눈다.	
1946년	85	1946년 9월 4일 오전 9시 시라세 노부는 아이치현 코로모 아치(현 도요타 시) 스즈키 생선 가게의 2층 셋방에서 장폐색으로 사망한다. 향년 85세. 묘지는 그가 태어났던 아키타현 니카오 시의 절에 마련되었다.	

- *The Japanese South Polar Expedition 1910-12, A Record of Antarctica,* compiles and edited by the Shirase Antarctic Expedition Supporter's Association, translated into English by Lara Dagnell and Hillary Shibata, 2011, Erskine Press and Bluntisham Books.
- 『白瀬中尉探檢記―伝記・白瀬矗』, 木村義昌, 谷口善也, 1997, 大空社.
- "The First Japanese Polar Expedition", *The Independent,* vol. LXXIII, New York, October 3, 1912.
- 『野村直吉船長航海記』野村直吉船長航海記出版委員會編, 2012, 城山堂書店.
- 『南極資料』, 『日本南極地域觀測隊の報告』, no.1, 1957, no. 1, 2, 3, 4, 5, 1958, 文部省.
- 〈아시아의 위대한 극지탐험가 노부 시라세〉, 김예동, 《미래를 여는 극지인》vol.4. no.1, 2009, pp28-31.

찾아보기

ㄱ

고노우라 마을 45,155,159

고래만 Bay of Whales

   33,115,120~122,125,141,145

괴혈병 scurvy 26,34,69~70

그래엄 랜드 Graham Land 168

ㄴ

남극권 Antarctic Circle 20

《남극기》南極記 172~173

남극조약 177

남쪽 미지의 땅 terra australis

   incognita 20~22

《뉴질랜드 타임스》New Zealand

   Times 96

ㄷ

다산과학기지 179

《대당서역기》大唐西域記 53

도둑갈매기 skua 122

도호쿠(일본) 東北 45,48,56,57

돔후지기지 178~179

디스커버리 탐험대 Discovery

   Expedition 27

디스커버리(배 이름) RRS Discovery

   29

ㄹ

러일전쟁 59,73,79

레졸루션호(배 이름) Resolution 20

로스 빙붕 Ross Ice Shelf

   23~24,27,114,116~117,122,180

로스 해 Ross Sea

   25,27,30,32,96,112,144,168,180

로팟카 곶 69

리빙스턴 섬 Livingston Island 22,29

리틀 아메리카,제5 Little America V

   118

ㅁ

마리온 섬 Marion Island 163

맥머도 만 McMurdo Sound

   24~26,27,32,34,94

메리버드 랜드 Marie Byrd Land

   23,139~140

메이지 시대 明治時代 48,59

모자반 166

무관결혼조례 59~60

물개잡이 22,25,29

미르니호(배 이름) Mirny 22

ㅂ

벨지카호(배 이름) Belgica 25~26

보스토크호(배 이름) Vostok 22

블리자드 blizzard 141,144,179

비스코 만 Biscoe Bay 137,141

빅토리아 랜드 Victoria Land
  23,25,164,166

ㅅ

사우스셰틀랜드 제도 South Shetland
  Islands 22

사우스조지아 섬 South Georgia
  Island 21,23,27,161

사할린 섬 교환 조약 59

서든크로스 호(배 이름) Southern
  Cross 25

세종과학기지 179~180

센다이 仙臺 61,71

쇼와기지 177~178

슘슈 섬 63~65,68~69,71

스피츠베르겐 섬 Vest Spitsbergen
  34,178

시라세호 8,155,156~157

시바우라 芝浦 148,155

시아시코탄 섬 64,65,72

ㅇ

아데어 곶 Cape Adare 23,25,112

아델리 랜드 Adelie Land 23~24

아델리펭귄 172,166

아라온 ARAON 116~117,181

아사히신문 朝日新聞 79,81

아스트롤라베 호(배 이름) Astrolabe
  24

아키타 현 秋田縣
  13,45,47,155,158~159

알렉산더 섬 Alexander Island 22,25

알렉산드라 산맥 Alexandra
  Mountains 137~139

야마가타 현 山形県 57

야마토 설원 大和雪原
  37,132~134,145

야스코 やす子 59,149

앤타틱호(배 이름) Antarctic 25

어드벤처호(배 이름) Adventure 20

에드워드7세 랜드
  King Edward VII Land
  23,136,139~141,145,168~169

에레부스호(배 이름) HMS Erebus 24

에레부스 산 Mount Erebus 23~24

에카르마 섬 70~71

연안대 沿岸隊

112,118~119,126,136~137,140

영웅의 시대(남극 탐험) Heroic Age of
Antarctic Exploration 29

오쿠마 만 大隈灣 140~141,143,174

오호츠크 해 63~64,66

우르프 섬 151

웨델 해 Weddell Sea 24,67

웰링턴(뉴질랜드) Wellington
90,96,144

윈드밀 작전 Operation Windmill 31

윌크스 랜드 Wilkes Land 23~24

이투루프 섬 62~64,71

《인디펜던트》The Independent 164

ㅈ

자남극점 Magnetic South Pole
24,96~97,107,144

자북극점 Magnetic North Pole 24

장보고과학기지 181~183

《지오그래피컬 리뷰》Geographical
Review 174

《지오그래피컬 저널》Geographical
Journal 173

ㅊ

청일전쟁 68

챌린저호(배 이름) HMS Challenger
24

ㅋ

카이난마루(배 이름) 開南丸 37,80~8
2,85,88,95,124,149,152,163

카이난 만 開南灣 118~119

캄차카 반도 63,69

쿨먼 섬 Coulman Island 112,142

킹조지 섬 King George Island
22~23,179

쿨먼 섬 Coulman Island 159

ㅌ

테라노바(배 이름) Terra Nova 89,163

테라노바 만 178

테로호(배 이름) HMS Terror 24

ㅍ

포크랜드 Falkland Islands 163

프람호(배 이름) Fram 32,118,120,12
2,125~126,146,152,165

프람하임 Framheim 32

ㅎ

하이점프 작전 Operation Highjump
31

하코다테 函館 61~62,64

허드 섬 Heard Island 163

《호치신문》報知新聞 151

히어로호(배 이름) Hero 22

인명

겔라쉬, 아드리엔 드 Adrien de
　Gerlache 25~26

고다마 겐타로 兒玉源太郎
　58~59,72

난센, 프리초프 Fridtjof Nansen 126

노무라 나오키치 野村直吉
　78,86~88,97,103,108,113,126

노빌레, 움베르토 Umberto Nobile
　34

데이비드, 엣지워스 Edgeworth
　David 107~109,145

데이비스, 존 John Davis 22

뒤르빌, 두몽 Dumont D´urville 24

로스, 제임스 클라크 James Clark
　Ross 24

이케다 마사키치 池田政吉 173~174

다케다 데루타로 武田輝太郎
　112,117,135,145

마젤란, 페르낭 드 Fernão de
　Magalhães 20

마컴, 클레멘츠 Clements Markham
　174

모슨, 더글라스 Douglas Mawson
　109,163

다 가마, 바스코 Vasco da Gama 20

바우어, 헨리 Henry Bower 34

버드 리처드 Byrd, Richard E.
　37,118,151,174

벨링스하우젠, 파드데이 파드데
　예비치, Faddey Faddeyevich
　Bellinsgauzen 24~25

보치그레빙크, 카르스텐 Carsten
　Borchgrevink 27,114

브랜스필드, 에드워드 Edward
　Bransfield 24

사사키 세츠사이 佐々木節斎 53

새클턴, 어니스트 Ernest Shackleton
　25~27,65,71~72,92,95,105,120

스콧, 로버트 팰컨 Robert Falcon
　Scott 27,31,33~35,76,83,85,92

스탠리, 헨리 모튼 Henry Morton
　Stanley 58

시바타, 힐러리 Hilary Shibata 179

아문센, 로알 Roald Amundsen
25,27,29~34,151~152,171

에반스, 에드가 Edgar Evans 34

오쿠마 시게노부 大隈重信
78~79,81,108,147~148

오츠, 타이터스 Titus Oates 34

윌슨, 에드워드 Edward Wilson 34

윌크스, 찰스 Charles Wilkes 22

윌킨스, 휴버트 Hubert Wilkins
29,149

이사벨 여왕 Isabel I de Castilla 78

콜럼라버스, 크리스토퍼 Christopher
Columbus 53,58,78

쿡, 제임스 James Cook 20

쿡, 프레더릭 Frederick Cook 73

파머, 너대니얼 Nathaniel Palmer 22

피네, 오론세 Oronce Finé 21

프랭클린, 존 John Franklin 53

피어리, 로버트 Robert E. Peary
73~74,95

아시아 최초의 남극 탐험가, 시라세 노부

남극을 열다

지은이 | 김예동
초판 1쇄 인쇄 2014년 12월 30일
초판 1쇄 발행 2015년 1월 12일

펴낸곳 | ㈜지식노마드
펴낸이 | 김중현
출판등록 | 제313-2007-000148호
등록일자 | 2007. 7. 10
주소 | 서울특별시 마포구 월드컵북로6길 42 태성빌딩 3층(121-819)
전화 | 02-323-1410
팩스 | 02-6499-1411
이메일 | knomad@knomad.co.kr
홈페이지 | http://www.knomad.co.kr
가격 | 13,000원
ISBN 978-89-93322-73-6-03990

영업관리 | (주)북새통   전화 | 02-338-0117   팩스 | 02-338-7160~1
잘못 만들어진 책은 구입하신 서점에서 교환해 드립니다.

圖域區檢探極南本日

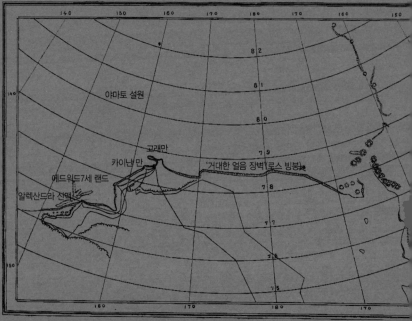

야마토 설원

고래만

카이난만

'거대한 얼음 장벽'(로스 빙붕)

에드워드7세 랜드

알렉산드라 산맥

82

81

80

79

78

77

76

75

뉴질랜드에 기항 후 남극까지 카이난마루의 항해 경

당시에는 남극의 해안선이 모두 발견되지 않았으므로

륙의 일부만 그려져 있다.